社会工作作为专业力量参与脱贫攻坚，
将专业队伍、专业方法、专业力量运用到脱贫攻坚的工作中，
发挥了不可替代的专业优势和人才优势，
提升了反贫困工作的专业性。

国家出版基金项目
NATIONAL PUBLICATION FOUNDATION

大国攻坚·反贫困社会工作丛书
丛书主编　向德平

# 扶贫扶心：贫困地区青少年心理健康教育研究与实践

储　琰　马仲能　全琼芝　祝朝燕　著

華東理工大學出版社
EAST CHINA UNIVERSITY OF SCIENCE AND TECHNOLOGY PRESS
·上海·

**图书在版编目(CIP)数据**

扶贫扶心：贫困地区青少年心理健康教育研究与实践 / 储琰等著. —上海：华东理工大学出版社，2023.12(2024.12 重印)

(大国攻坚·反贫困社会工作丛书 / 向德平主编)

ISBN 978-7-5628-7029-6

Ⅰ.①扶… Ⅱ.①储… Ⅲ.①贫困区—青少年—心理健康—健康教育—研究—中国 Ⅳ.①G444

中国国家版本馆 CIP 数据核字(2024)第 004970 号

## 内 容 提 要

在贫困地区，青少年的心理健康问题具有典型性，对其成长、成才的影响不容忽视。扶贫要将扶志和扶智相结合，同时也需要“扶心”，关注青少年身心健康全面发展是为贫困地区阻止贫困代际传递注入持久动力的重要内容之一。在现有条件下，全面开展贫困地区青少年心理健康教育服务是必须的也是艰难的，需要各级教育主管部门和全社会共同参与。本书以深入、翔实的调研和访谈记录资料，通过生动的案例展现了贫困地区青少年心理健康问题的现状，并通过实践尝试，探索出一个在贫困县域开展青少年心理健康教育服务的网络模型。本书可供读者了解贫困地区青少年心理健康真实情况，也可为有需要的地区开展相关工作提供借鉴。

策划编辑 / 刘　军
责任编辑 / 章斯纯
责任校对 / 王雪飞
装帧设计 / 王　翔
出版发行 / 华东理工大学出版社有限公司
地址：上海市梅陇路 130 号，200237
电话：021-64250306
网址：www.ecustpress.cn
邮箱：zongbianban@ecustpress.cn
印　　刷 / 上海中华商务联合印刷有限公司
开　　本 / 710 mm×1000 mm　1/16
印　　张 / 12
字　　数 / 135 千字
版　　次 / 2023 年 12 月第 1 版
印　　次 / 2024 年 12 月第 2 次
定　　价 / 98.00 元

本书是国家社会科学基金项目“西部乡村可持续发展中贫困代际传递阻断机制研究”(21BKS061)的阶段性研究成果。

# 编委会名单

# 丛书总序

我国以脱贫攻坚为标志的国家级重大反贫困行动，于2020年年底取得了预期成果，绝对贫困总体上被消除。脱贫攻坚可以说是中国乃至世界反贫困史上的一件大事，值得书写一笔。社会工作作为一种专业力量参与其中，并发挥了重要作用，其实践和经验值得总结。由向德平教授主编的“大国攻坚·反贫困社会工作丛书”在这方面做了开创性的工作，值得我们称赞。

## 一、社会工作参与反贫困是一项重大的专业实践

### （一）反贫困是社会工作的一项核心任务

社会工作自产生之日起，就与反贫困结下了不解之缘。不是社会工作“贪恋”反贫困，而是贫困给贫困群体带来了巨大的痛苦。社会工作作为一种以帮助困难群体缓解困难、追求社会公正与社会进步为己任的专业，理应把反贫困的责任放在自己的肩上。在世界社会工作反贫困历史上，发达国家的社会工作参与反贫困基本上是通过实施社会救助和社会慈善的方式进行的，并形成了社会工作的著名模式。第二次世界大战以后，发展中国家的反贫困主要面向农村展开，经济开发、社区发展成为其主要模式，20世纪50年代联合国倡导的社区发展原则正是社会工作参与反贫困所应遵循的。20世纪80年代以后出现的发展型社会工作，一方面与发展中国家的政府、社会工作者、发展工作者的实践有关，另一方面也受产生于发达国家的社会投资

等理论的影响。这些实践取得了一定的成绩，也为后来发展中国家的反贫困提供了借鉴和参照。

我国作为经济社会政策和发展项目的反贫困工作是从20世纪80年代中期开始的，最初是经济开发，接着是扶贫攻坚，主要是发展经济，由政府部门、国有大中型企业和贫困农户承担主要责任。2015年，我国开始实施脱贫攻坚工程，中央明确要求形成由专项扶贫、行业扶贫和社会扶贫互为补充的大扶贫格局，做到扶贫开发与经济社会发展相互促进，不但注重产业脱贫，而且加强教育等多层面脱贫；要求坚持群众主体，激发内生动力，注重扶贫扶智，增强贫困人口自我发展的能力，同时实施扶贫志愿者行动计划和社会工作专业人才服务贫困地区计划。这样，社会工作力量作为脱贫攻坚的有机组成部分，有了"特殊"的实践机会，也能够更有针对性地参与反贫困行动。2017年，《民政部 财政部 国务院扶贫办关于支持社会工作专业力量参与脱贫攻坚的指导意见》(以下简称《意见》)要求中国社会工作教育协会发挥推动作用，进行教育扶贫。同时，我国开始实施社会工作服务机构"牵手计划"，从发达地区选择专业性强的社会工作服务机构，与贫困地区社会工作服务机构等进行结对。社会工作教育界积极响应政府部门的号召，组织、动员和支持各社会工作院系参与这一具有历史意义的反贫困行动。各类群体参与脱贫攻坚成为中国社会工作重建以来，规模最大、时间较长、有组织、有目标要求的集体性行动。

### （二）社会工作参与脱贫攻坚取得了积极成果

按照民政部等部门的《意见》，中国社会工作教育协会参与脱贫攻坚是教育扶贫，其主要任务如下：高校社会工作专业院系要与贫困地区合作建立社会工作专业培训、教师实践和学生实习实训基地，帮助贫困地区培养社会工作专业人才；高校社会工作专业教师到贫困地区开展专业督导，引导社会工作专业在校生到贫困地区进行社会实践；支持鼓励社会工作专业毕业生到贫困地区就业。在中国社会工作教育协会的组织动员下，各社会工作院系秉持专业精神、发挥主观能动性，组织师生、链接资源、深入贫困地区，开展了多项服务，较好地完成了《意见》提出的任务，并尽己所能地为贫困地区的居民做贡献，在脱贫攻坚中取得了不少开创性成果。社会工作教育界支持了贫困地区的脱贫工作，促进了贫困地区社会工作人才和专业力量的发展，也获得了参与反贫困的直接经验，使我们感受到了当地干部群众和派驻的扶贫干部在反贫困中表现出来的坚韧不拔的精神。同时，参与脱贫攻坚也成为各社会工作院系坚持理论联系实际、开展实践教学、在实践中培养学生、在比较中进行研究的重要场域，因而参与者的收获是丰硕的。

对于参与脱贫攻坚，中国社会工作教育协会领导班子给予了高度重视，设计行动计划、动员组织力量，推动了整个工作向前发展。中国社会工作教育协会还建立了反贫困社会工作专业委员会，在贯彻落实协会的总体部署、推动整个活动发展方面发挥了积极作用。作为反贫困社会工作专业委员会的负责人，向德平教授和他主持的反贫困研究机构积极配合、主动工作，有力地推动了中国社会工作教育协会工作的开展。

## 二、社会工作界参与反贫困是理论与实践比较、互动和提升的过程

### （一）社会工作教育界参与反贫困是理论与服务实践的互动过程

社会工作教育界参与反贫困的特点是，一批批具有深厚社会工作理论

与知识积累的高校教师和研究生、高年级本科生开展实践活动，这同时也是他们走出课堂和校门开展社会工作服务的过程。在一定意义上，它是理论指导实践的过程，也是实践检验书本知识和理论的过程。反贫困工作是在自然环境复杂、文化传统多样的贫困地区展开的，社会文化因素深深地影响着反贫困行动的开展。在上述经济、政治、社会、文化背景下开展的反贫困，必然比书本上介绍的复杂得多。社会工作界参与反贫困，必然会遇到上述复杂因素的影响，会遇到许多亟待解决的“中国式”问题。这是一个不断比较、选择、实践和反思的过程。对社会工作教育界来说，这是一系列挑战，也是在克服困难中不断成长的过程。

**（二）书写经验是反贫困理论和实践成果的延伸**

社会工作者的基本品格是奉献和共享发展成果，同时社会工作教育界又有改进教育、传播知识、贡献社会的责任。从这个角度来说，将参与反贫困的经验和思考写出来，是十分有意义的事情。向德平教授主编的这套书正是此种努力的体现。该丛书组织了国内社会工作界 20 多位专家学者，基于社会工作实践，总结反贫困的相关模式和经验，生产社会工作知识，价值显而易见。

该丛书以实践为基础，兼顾了反贫困知识和实践的完整性。它是多视角、全方位和具有整体性的。其主要视角包括社区为本视角、抗逆力视角、内生动力视角、资产建设视角、金融服务视角、可行能力建设视角、赋权视角、贫困治理视角、心理弹性和生涯辅导视角等。它关注的服务对象主要包括儿童、老年、妇女、残疾人及西部农村中的弱势群体。该丛书既介绍既有的社会工作理论，也介绍中国特色的社会工作实践。基于本土实践，它介绍了社会工作参与反贫困模式的多样化和经验的多元化，反映了中国反贫困的经验及社会工作参与反贫困的机制，阐明了专业社会工作是如何发挥专业优势、实现服务效能的。

该丛书也是系列教材，体现了从理论到实践、从实践到知识的转化过程。这里包含了对反贫困知识和理论的选择，包括在实践中对社会工作知识的运用和反思，也包括基于实践的知识建构，还包括不同类型和不同层次的建议。该丛书内容丰富，有借鉴、有创新，可指导实践，也为反贫困研究提供了参考框架，是反贫困领域的学术力作，是社会工作本土化的重要成果。

## 三、在乡村振兴中更好地运用和发展社会工作参与反贫困的经验

到 2020 年年底，我国在总体上消灭了绝对贫困，但是相对贫困还会长期存在。中国共产党第十九届中央委员会第五次全体会议提出“实现巩固拓展脱贫攻坚成果同乡村振兴有效衔接”，我国巩固脱贫成果和反贫困的任务依然是十分繁重的。在走向乡村振兴、实现共同富裕的进程中，已经取得的反贫困经验在一定程度上依然有效，这与相对贫困现象在地域、群体、经济状况、社会生态和文化上的连续性密切相关。当然，相对贫困也有自身的特点，贫困群体有了以往反贫困的经验，有了相对好的经济基础和社会生活条件，他们摆脱贫困的内在动力和能力也有所增强。但是我们也要看到，在新的国际国内形势下，面对不断加剧的市场化竞争，相对贫困群体的生存压力不会减少，反贫困的发展性要求会更加突出。我国已经进入社会主义现代化建设的新阶段，要贯彻新的发展理念，构建以国内大循环为主体、国内国

际双循环相互促进的新发展格局，其中乡村全面振兴、遏制返贫现象发生、实现共同富裕任务艰巨。在这种背景下，社会工作者在参与脱贫攻坚中获得的经验仍然有重要的参考价值。我们也期待社会工作者群体在参与乡村振兴和解决相对贫困问题方面取得新的成果。

把论文写在祖国大地上，中国社会工作教育界以自己的实际行动在认真践行。

王思斌
北京大学社会学系

# 主 编 序

打赢脱贫攻坚战，是实现中华民族伟大复兴的底线要求，是贫困地区与全国一起全面建成小康社会的关键之举，是实现国家长治久安的重要保障。

我国扶贫开发进入精准扶贫、精准脱贫的新阶段。精准扶贫战略贵在精准，精准与专业具有同构性，只有调动专业的力量参与精准扶贫，才能进一步提升精准识别、精准帮扶、精准管理的精准度，才能更专业地解决贫困人口在脱贫过程中的个性问题与发展问题。社会工作参与脱贫攻坚具有重要的意义，在反贫困工作中扮演着重要的角色。

社会工作作为专业力量参与脱贫攻坚，将专业队伍、专业方法、专业力量运用到脱贫攻坚的工作中，发挥了不可替代的专业优势和人才优势，提升了反贫困工作的专业性。事实上，社会工作起源于贫民救济或慈善事业，其发展的历史就是人们与贫困做斗争的历史。社会工作的专业方法、理念正是人们在与贫困及相关社会问题做斗争的实践中逐步形成和发展起来的，因此，社会工作参与脱贫攻坚具有深厚的历史基础和重大的现实意义。社会工作参与脱贫攻坚是社会扶贫的重要组成部分。作为精准扶贫的专业力量，社会工作通过需求评估，精准识别贫困人口及其致贫原因；通过资源整合，动员与协调各方扶贫力量和扶贫资源；通过提升扶贫对象的能力，激发和提升扶贫对象的内生动力和可行能力。社会工作参与脱贫攻坚，有助于提高反贫困工作的精准性和可持续性，实现由“输血型”扶贫向“造血型”扶贫、救助型扶贫向发展型扶贫的转变。

党中央、国务院十分重视社会工作专业人才服务贫困地区的工作，《中共中央 国务院关于打赢脱贫攻坚战的决定》（中发〔2015〕34号）、《中华人民共和国国民经济和社会发展第十三个五年规划纲要》和《国务院关于印发"十三五"脱贫攻坚规划的通知》（国发〔2016〕64号）对实施社会工作专业人才服务贫困地区计划、支持专业社会工作和志愿服务力量参与脱贫攻坚提出了明确的要求。为贯彻落实党中央、国务院的决策部署，支持社会工作专业力量参与脱贫攻坚工作，《民政部 财政部 国务院扶贫办关于支持社会工作专业力量参与脱贫攻坚的指导意见》发布，民政部办公厅、国务院扶贫办综合司出台了《社会工作教育对口扶贫计划实施方案》。

为落实《民政部 财政部 国务院扶贫办关于支持社会工作专业力量参与脱贫攻坚的指导意见》的精神，贯彻实施民政部、国务院扶贫办联合制定的《社会工作教育对口扶贫计划实施方案》，深入推进教育扶贫工作，全国社会工作专业学位研究生教育指导委员会和中国社会工作教育协会积极实施"社会工作教育对口扶贫计划"，组织全国200多所高校参与社会工作教育对口扶贫工作。在反贫困社会工作实践中，社会工作教育和实践工作者积极探索，积累了较丰富的实务经验，总结了一批典型案例，产出了一系列理论成果。本丛书是中国社会工作参与反贫困成果的系统呈现。

2019年3月16日，中国社会工作教育协会反贫困社会工作专业委员会与华东理工大学出版社在武汉举行"大国攻坚·反贫困社会工作丛书"启动仪式。来自十几所高校的20余名作者代表参加了会议。会议研讨、确定了本套丛书的写作框架和主要内容。

本丛书是在全国社会工作专业学位研究生教育指导委员会、中国社会工作教育协会的指导下，由中国社会工作教育协会反贫困社会工作专业委员会具体组织完成的。王思斌教授、阮曾媛琪教授、谢立中教授、蔡禾教授、关信平教授、马凤芝教授、彭华民教授全力支持反贫困社会工作专业委员会的工作，指导本丛书的编写。

中国社会工作教育协会前任会长徐永祥教授高度重视本丛书的编写工作，为丛书的编写和出版提供了巨大的支持。本丛书寄托了全体社会工作同仁对徐永祥教授的深沉怀念！

感谢所有关心、支持本丛书的专家和同仁！

向德平
华中科技大学社会学系

# 前　言

习近平总书记指出，消除贫困、改善民生、逐步实现共同富裕，是社会主义的本质要求，是我们党的重要使命。对于“发展教育脱贫一批”，习近平总书记指出，治贫先治愚，扶贫先扶智，国家教育经费要继续向贫困地区倾斜、向基础教育倾斜、向职业教育倾斜，帮助贫困地区改善办学条件，对农村贫困家庭幼儿特别是留守儿童给予特殊关爱。只有靠教育，群众才能真正掌握脱离贫困的技能，彻底阻断贫困的代际传递。

贫困地区青少年的心理健康问题不容忽视，留守儿童、家庭暴力、学校欺凌、情感缺失、支持缺失等现象，在农村地区，尤其是贫困农村地区尤为明显。在“扶志＋扶智”的基础上，扶贫也要扶心，要通过心理健康知识的普及，使农村地区青少年能够具有良好的身心健康基础。本书深入分析贫困地区青少年因为心理健康教育服务的缺失产生的成长缺失及其引发的贫困传递，结合分析，探索建立一个具有阻断功能的心理健康教育服务体系，为乡村青少年身心健康成长保驾护航。

书中所记录和描述的内容、故事，都是课题组经过深入调研、访谈得到的一手资料，真实反映了贫困县域中小学在这项工作上的必要性和紧迫性。本书初步总结得出“双线＋四级”青少年心理健康教育服务模式，该模式已在云南省X县得到实践，并已经取得一定实效。

希望本书能够为广大读者提供一个了解贫困地区青少年真实心理健康状况的机会，为广大研究者提供一些可参考的研究素材和思路，也为类似的贫困地区开展青少年心理健康教育服务工作提供一条可探索和参考的路径。

本书的写作整理过程得到了各级领导、同事、朋友和当地广大师生的大力支持，尤其是得到了很多师长的指导，在这里表示感谢。

由于水平有限，文中不足之处恳请批评指正。

储　琰

于华东理工大学

# 目　录

CONTENTS

# 第一章　导　论

## 第一节　聚焦一个需要关注的群体

之所以将本书的研究方向和重点落在贫困地区青少年的心理健康教育服务上，是因为这些目光清澈、充满希望的贫困地区的孩子们唤起了我们强烈的关爱感、责任感和紧迫感。他们身在农村，和城里的孩子有相同之处也有不同之处。说相同，是因为他们和城里的孩子一样处在天真烂漫的童年阶段，对未来的人生满是憧憬和向往，他们同样在亲人的呵护下成长，在老师和社会的关怀下学习；说不相同，是因为他们缺少了像城里孩子那样丰富的物质资源、多彩的精神生活，缺少了父母高质量、长时间的陪伴和细致呵护，缺少了及时的心理疏导和支持。

留守儿童、辍学少年、边缘青年、家庭暴力……这些概念无一不刺痛着我们的内心，唤醒着我们的责任感。我还深深地记得在贫困农村听到、看到的一幕幕场景。

一个“作践自己”的十四岁辍学出走女孩，含着委屈的泪水向我们诉说着她的经历：

“为什么在爸妈面前，我永远是错的！就算是爸爸受到邻居欺负，我替他出头说两句话，回家挨骂挨打的还是我；为什么我想让他们来学校看看我，他们永远是在地里忙活计，用‘不挣钱哪有力量养你’来回答……”

一个已经在社会上混出点“地位”的十六岁少年向我们诉说：

“谁不想上学啊，我上学时特别想得到老师和同学的认可，但是从来没人关注我，我现在在社会上混，有了身份了，谁还敢不理我……”

一位从教多年的乡村教师向我们感叹：

“哪能有机会开齐家长会啊，就算开了家长会也多数是爷爷奶奶辈的人来参加，我和他们基本没法交流，他们甚至听不懂我在说什么……”

乡村教师们经常会问，为什么我们在教学时已经尽了全力，孩子们的成绩还是停滞不前？为什么有的孩子我们已经软硬兼施了，他们还是那么调皮？家长们也会心存疑惑，我们家孩子为什么会变成这样？我们应该承认，在国家大力推进义务教育、提倡教育均衡发展的今天，很多贫困地区的乡村学校，硬件设施均已经基本完善，孩子们享受安全稳固的教学环境已经不是问题了；我们也看到，在国家大力改善农村教学条件的过程中，农村教师的学历水平和教学水平也在不断提高。但即便乡村教育已经有了这样的发展速度，但农村教育教学的软硬件环境和城市尤其是发达地区的学校相比，仍存在一定差距。

孩子们生长在农村，过着相对贫困的生活，但又期待成长，他们其实更需要并且渴望阳光。我们欣喜地看到，贫困地区的孩子们正在迎接着阳光：国家越来越强大，贫困梦魇已经被消除；素质教育、公平教育越来越深入乡村地区,社会各界越来越多聚焦于贫困地区孩子们的身心健康成长。

我们希望通过本课题的研究,引起更多的人关心贫困地区孩子的身心健康,推动政府和教育部门探索制定出一些更加有利于发展心理健康教育服务的制度和方法,帮助教师和家长掌握更多支持孩子身心健康全面发展的技巧,最终让孩子们能够沐浴在阳光中茁壮成长。

## 一、研究背景

脱贫攻坚是中华民族的一场世纪决战。2015 年,中共中央扶贫开发工作会议吹响了脱贫攻坚战的冲锋号:"全面建成小康社会,是我们对全国人民的庄严承诺。脱贫攻坚战的冲锋号已经吹响。我们要立下愚公移山志,咬定目标、苦干实干,坚决打赢脱贫攻坚战,确保到 2020 年所有贫困地区和贫困人口一道迈入全面建成小康社会。"

中国共产党第十八次全国代表大会以来,党中央对脱贫攻坚做出新的部署,吹响了打赢脱贫攻坚战的进军号,我国脱贫攻坚取得显著成绩。2021 年 2 月 25 日,习近平总书记在全国脱贫攻坚总结表彰大会上庄严宣告:经过全党全国各族人民共同努力,在迎来中国共产党成立一百周年的重要时刻,我国脱贫攻坚战取得了全面胜利,现行标准下 9 899 万农村贫困人口全部脱贫,832 个贫困县全部摘帽,12.8 万个贫困村全部出列,区域性整体贫困得到解决,完成了消除绝对贫困的艰巨任务,创造了又一个彪炳史册的人间奇迹!

同时,习近平总书记也强调,"脱贫摘帽不是终点,而是新生活、新奋斗的起点","我们没有任何理由骄傲自满、松劲歇脚,必须乘势而上、再接再厉、接续奋斗”，他激励广大干部群众为全面建设社会主义现代化国家、实现第二个百年奋斗目标而披坚执锐、勇立新功。

2015 年 10 月 16 日，习近平总书记在减贫与发展高层论坛上首次提出“五个一批”的脱贫措施，为打通脱贫“最后一公里”开出破题药方。

“加快实施教育扶贫工程，让贫困家庭子女都能接受公平有质量的教育，阻断贫困代际传递”，这是《中共中央 国务院关于打赢脱贫攻坚战的决定》对教育掷地有声的庄严承诺。“用教育阻断贫困的代际传递”这个论述切实地反映了在脱贫攻坚过程中教育的重要意义。贫困不可怕，我们可以通过万众一心的努力摆脱贫困，可怕的是贫困人口在摆脱了贫困之后，由于知识、技能等的限制又重新返贫，致使他们无法从根本上脱离贫困。我们要清醒地认识到，在巩固拓展脱贫攻坚成果和实施乡村振兴战略有效衔接的过程中，还会有很多的问题出现，也会有很多难点需要我们去克服。防止返贫的工作任重道远，在此过程中，贫困还是会有滋生的土壤，贫困的代际传递就是一个需要关注的重点领域，我们可以依靠教育有效阻断贫困的代际传递。

自 2012 年起，在国家推进义务教育基本均衡发展的种种举措下，我国义务教育阶段农村地区和薄弱学校的办学水平不断提高，义务教育的教学质量也不断提升。但在贫困地区，青少年的心理健康问题仍是阻碍教育发展的一个不容忽视的因素。

留守儿童遭遇家庭暴力、校园欺凌以及出现情感缺失等现象，在农村地区，尤其是贫困农村地区较为普遍。2018 年民政部关于农村留守儿童的统计数据显示，截至 2018 年，全国共有农村留守儿童 697 万余人，与 2016 年全国摸底排查数据的 902 万人相比，总体数量下降了 22.7%；96%的留守儿童由祖父母或者外祖父母照看，4％的儿童由其他亲戚或者朋友照看；义务教育阶段留守儿童的比例从 2016 年的 65.3％上升至 2018 年的 78.2％。留守儿童在长期得不到父母的关爱和即时的情感互动的情况下，很容易出现心理健康问题。

贫困农村地区的学校在心理健康教育服务方面也显得心有余而力不足。课题组走访了很多乡村学校发现，当被问及学生心理健康重要性的时候，所有领导和教师都会表示非常重要，但在如何发现、如何评估、如何干预学生的心理健康问题等方面，学校领导和教师往往束手无策。诚然，随着义务教育均衡发展，乡村教师的素质和教育水平在不断提升，小学教师中学历达到本科及以上的比例也在不断增加，但学校在心理健康教育方面还存在着薄弱环节，有心无力、有力无技的现象非常普遍。

国务院办公厅印发的《国家贫困地区儿童发展规划（2014—2020 年）》中明确提出："建立健全儿童心理健康教育制度，重点加强对留守儿童和孤儿、残疾儿童、自闭症儿童的心理辅导。加强班主任和专业教师心理健康教育能力建设，使每一所学校都有专职或兼职的心理健康教育教师。在农村义务教育学校教师特设岗位计划和中小学教师国家级培训计划中加大对体育和心理健康教育骨干教师的补充和培训力度。"

我们深知在广大农村地区，尤其是贫困农村地区，大力开展心理健康教育服务工作，任重而道远。

## 二、研究目的及意义

较之发达地区，贫困地区青少年心理健康教育，面临着更多的压力与挑战。开展这项工作，一定是以现阶段贫困地区青少年的实际情况为出发点，进行有针对性的描述和分析，并在此基础上，探索出一条适合现阶段贫困地区实际心理健康教育服务的可操作、可实施的路径。这是本研究的根本出发点，也是需要达到的最终目标。

### （一）全景式真实反映贫困地区青少年心理健康状况

本研究的微观层面主要聚焦于贫困地区青少年的心理健康现状，说明在贫困地区开展心理健康教育服务工作的必要性和紧迫性。因此，研究人员深入中小学了解学生情况、与中小学教师开展深入座谈、与政府工作人员和各界社会人士深入探讨，以期用最真实的语言全景式反映现阶段贫困地区青少年的心理健康状况。

### （二）结合贫困地区教育发展实际进行实践尝试

在进行研究的同时，研究人员在当地政府的支持下，在对口援助高校的大力帮助下，进行了县域心理健康教育服务工作的实践探索，这也是本研究实践的成果，以此来印证研究者的前期问题思考和路径设置。

### （三）探索出一种可供参考的实施模式

确切地说，本研究的主要目的并不是进行心理健康理论的论述，所涉及的包括发展性心理教育、社会心理行为等方面的理论内容，主要是为区域性心理健康教育服务工作可实施可操作提供指导。在宏观层面，本研究主要在调研地区的青少年心理健康及教育现状的基础上，对开展区域性的心理健康教育服务工作展开整体思考。

从研究的创新意义来讲，本研究可以帮助社会各界真实了解贫困地区青少年心理健康现状，引起更广泛的关注，进而可以获得有价值的工作实践经验。此外，本研究结合实践尝试，探索出了一个宏观区域性心理健康教育服务工作的模式，可为更多地方的区域性心理健康教育工作的开展提供一些参考。

## 第二节 相关概念界定

### 一、乡村振兴与教育扶贫

乡村振兴战略是习近平总书记于 2017 年 10 月 18 日在党的十九大报告中提出的；2018 年 2 月 4 日，2018 年中央一号文件《中共中央 国务院关于实施乡村振兴战略的意见》正式发布。文件强调农业、农村、农民问题是关系国计民生的根本性问题，必须始终把解决好“三农”问题作为全党工作的重中之重。通俗地理解，乡村振兴战略就是让农业发展，让乡村摆脱贫困，让农民安居乐业。有效推进乡村振兴战略，单凭“等靠要”的“输血式”扶贫是不能长久持续的。“授人以鱼不如授人以渔”，要从根本上实现乡村振兴，必须提高贫困地区的“造血功能”，即重视贫困地区人口的教育和人力资源开发。教育作为促进个体发展的重要活动，可以提高农村贫困人口的素质以及劳动生产率，进而提升群众的文化素质与职业技能，让其有知识、有技术、有思路。简而言之，乡村振兴是要建立在教育振兴基础上的。

在乡村振兴的背景下，国家相继出台了一系列以教育扶贫为主的文件及措施。2010 年，《国家中长期教育改革和发展规划纲要（2010—2020 年）》明确了之后一个时期我国教育的八项发展任务，包括重点发展农村学前教育、重点推进九年义务教育均衡发展等，同时提出消除辍学现象，夯实教育公平的基础等任务要求。2016年，《国务院关于统筹推进县域内城乡义务教育一体化改革发展的若干意见》发布并实施，要求加快缩小城乡教育差距，促进教育公平，统筹推进县域内城乡义务教育一体化改革发展，明确指出要努力办好乡村教育，全面改善贫困地区义务教育薄弱学校基本办学条件，促进优质教育资源共享。2017年，国务院办公厅印发《关于进一步加强控辍保学提高义务教育巩固水平的通知》，要求进一步防控义务教育学生失学辍学，确保实现到2020年全国九年义务教育巩固率达到95%的目标，切实保障适龄儿童少年依法接受义务教育。

教育扶贫可以有效阻隔贫困的代际传递，进而有效振兴乡村：首先，对教育观念的调整是十分重要的，一旦意识到知识改变命运，家人对孩子教育的重视度就会大大提高，上一代重视子女的教育，明白知识可以改变命运，就会使下一代具有同样积极的观念；其次，教育的实效性会大大激发家长对于教育的重视和投入，一个乡村孩子通过自身的努力学习而进入更好的学校学习，进而找到满意的工作，拿到稳定的薪水，改变自己和家庭的贫困境遇，可以在乡村形成好的教育示范效应，带动更多的乡村孩子努力学习，通过学习改变命运。

由此可见，乡村振兴战略是建立在教育扶贫成效基础上的，教育扶贫的有序开展可以加快乡村振兴步伐，提高贫困地区自身的“造血”功能。

## 二、心理健康教育服务

### （一）心理健康的标准

心理健康的标准因学派、学者研究方向和关注角度的差异显现出不同的内容。

1. 林崇德的心理健康十条标准①

林崇德认为，心理健康标准的核心是：凡对一切有益于心理健康的事件或活动做出积极反应的人，其心理便是健康的。他认为心理健康主要有以下十条标准：了解自我，对自己有充分的认识和了解，并能恰当地评价自己的能力；信任自我，对自己有充分的信任感，能克服困难，面对挫折能坦然处之，并能正确地评价自己的失败；悦纳自我，对自己的外形特征、人格、智力、能力等都能愉快地接纳认同；控制自我，能适度地表达和控制自己的情绪和行为；调节自我，对自己不切实际的行为目标、心理不平衡状态、与环境的不适应性，能做出及时的反馈、修正、选择、变革和调整；完善自我，能不断地完善自己，保持人格的完整与和谐；发展自我，具备从经验中学习的能力，充分发展自己的智力，能根据自身的特点，在集体允许的前提下，发展自己的人格；调适自我，对环境有充分的安全感，能与环境保持良好的接触，理解他人、悦纳他人，能保持良好的人际关系；设计自我，有自己的生活理想，理想与目标能切合实际；满足自我，在社会规范的范围内，适度地满足个人的基本需求。

2. 俞国良的心理健康八条标准②

俞国良认为，心理健康是一个人整体的适应良好状态，是人格健康、全面发展。心理健康的标准有以下八个方面：智力正常；人际关系和谐；心理与行为符合年龄特征；了解和悦纳自我；面对和接受现实；能协调与控制情绪，心境良好；人格完整独立；热爱生活，乐于工作。

---

①② 俞国良：《心理健康教育-学生用书》，高等教育出版社，2005。

3．马斯洛等的心理健康十条标准

人本主义心理学家马斯洛等提出了心理健康的十条标准：充分的安全感；充分了解自己，并对自己的能力做出适当的评价；生活的目标能切合实际；能与现实环境保持接触；能保持人格的完整与和谐；具有从经验中学习的能力；能保持良好的人际关系；适当的情绪表达及控制；在不违背集体要求的前提下，能进行有限度的个性发挥；在不违背社会规范的前提下，能恰如其分地满足个人的需要。

4．本研究观点

结合专家学者的观点，结合本书研究对象的生活、成长环境，以及贫困地区的实际情况，本研究认为，贫困地区青少年的心理健康可以有以下六点表现：

（1）智力正常。没有证据表明贫困地区的青少年与非贫困地区青少年在智力方面存在差异。本书沿用专家学者公认的标准，采用智力测验诊断智力发展水平，一般认为智商在80分及以上为正常标准。

（2）了解自我。能相对客观公正地认识自己、评价自己的能力。了解自我对所有的青少年都非常重要，这就更需要创造机会、营造机会，让贫困地区青少年多去观察和自我发现，多去实践和自我探索，逐渐对生理自我、心理自我和社会自我有相对清晰的自我评价。

（3）悦纳自我。能够欣赏自己的优点和长处，接纳自己的缺点和不足。这需要在了解自我的基础上，有一双发现美的眼睛，在看到世界和他人美好的同时，也能看到自己的美好，认可自己的价值；需要有一颗宽容的心，在宽容他人和世界的同时，学会宽容自己，放过自己的缺点和不足；将注意力从“问题”转到“解决”上来，尝试接受无法改变的，努力调整有机会改变的。

(4) 调控情绪。能够适度地识别、表达、调节自己的情绪，避免情绪问题长时间影响学习和生活。正确识别由于事件发生和变化而产生的不同情绪体验，学会用恰当的方法表达情绪，避免进一步激化事件；学会用不伤害自己和他人的方法调节情绪，理智地处理情绪事件，避免过激事件的发生。

(5) 人际关系和谐。能够体验社会关系带来的生活美好感，能够感受到爱与被爱，拥有对自己来说重要的人。各种人际关系相对舒适，没有长久的、激烈的人际冲突。

(6) 面对和接受现实。能够积极主动地适应现实，尤其是在贫困地区，面对经济社会欠发达的现实，能够进一步调整自己，与周围环境保持良好的互动。

综上所述，心理健康的标准是多方面、多层次的，关注与提升贫困地区青少年的心理健康教育需要从多个角度、多个层面进行。

### (二) 心理健康教育的方法

《中小学心理健康教育指导纲要》(2012 年修订)明确提出：心理健康教育课应以活动为主，可以采取多种形式，包括团体辅导、心理训练、问题辨析、情境设计、角色扮演、游戏辅导、心理情景剧、专题讲座等。心理健康教育要防止学科化倾向，避免将其作为心理学知识的普及和心理学理论的教育，要注重引导学生心理、人格积极健康发展，最大限度地预防学生发展过程中可能出现的心理行为问题。

俞国良教授在接受采访时指出，目前大、中、小学的心理健康教育都存在着学科化、医学化、片面化、孤立化和形式化的倾向，其中形式化尤为突出，设立的心理咨询室或中心以及开设的心理健康课都未真正发挥作用。同时，将心理健康教育和德育混为一谈，把心理健康教育简单看作学校德育的一个组成部分，用德育的方法来对待心理问题，也使得心理健康教育没有取得应有的教育效果。①

结合以上观点，本研究认为心理健康教育的方法需要注意以下三点：

第一，要结合学生的年龄特点和发展需求设置相应的课程，心理健康教育课程更应注重“以学生为中心”，多调研、多倾听学生的真实需要。

第二，教育活动的开展更应注重学生的心理体验和可操作技能的掌握，避免过于理论化和说教。根据内容选择合适的渗透方式，将教育内容渗透到游戏活动中。综合运用常规的心理健康课、针对特定问题和群体开展的讲座或者团体辅导、糅合学生经常遇到的心理困扰衍生的心理剧和游戏辅导等多种形式开展教育活动，让学生真正有所学、有所用。

第三，心理健康教育的功能主要有发展性、预防性和治疗性三个方面，要分层分类开展教育活动。在现阶段的贫困地区，面对全体学生开展发展性和预防性系列活动，提高学生的心理健康水平是亟待推进的工作重点。

第四，以发展的眼光看待学生的心理健康，避免给学生“贴标签”。学生的心理成长是一个过程，在这个过程中，无论是一帆风顺还是由于一些事件的短期或长期刺激导致出现心理困扰，都是正常的。鼓励遇到心理困扰的学生将其作为一次“心理挫折实践课”，学会正视自己的心理问题，寻找积极

① 俞国良：《现代心理健康教育：心理卫生问题对社会的影响及解决对策》，人民教育出版社，2007。

有效的应对方式和支持系统，争取尽快走出心理困扰。

### （三）心理健康教育服务路径

俞国良教授指出：开展心理健康教育，仅仅依靠学校是不够的。虽然学校是心理健康教育目标实施的主渠道，但家庭和社会心理健康教育则为实现上述目标提供了保证。①

本书认为，心理健康教育应该建立一个学校、家庭、社会联动的网络系统。学校作为心理健康教育目标实施的主渠道，专业人员的配备尤为重要。心理健康教育是科学性很强的教育活动，要求从事心理健康教育的人员掌握相应的心理学、教育学知识，具备专业知识，受过专业训练。

作为孩子成长生活中最重要的环境，家庭对孩子的影响无疑是巨大的。家长对孩子的管教方式、沟通方式、相处方式等无一例外都在影响着孩子的心理健康。让家长掌握必要的心理健康知识、优化家庭环境，以正确的方式教育子女，可以有效提升孩子的心理健康水平。

社会环境对孩子的认知具有广泛而深远的影响。家庭成员的社会角色承担、学生朋辈的社会习惯影响、社会意识形态的渗透都会对孩子的心理成长产生潜移默化的影响。“尊老爱幼”“互帮互助”“诚实守信”等良好的风气对孩子的心理有着积极影响，同时“好逸恶劳”“拜金主义”“唯利是图”之类的不良风气则会对孩子的心理产生负面影响。

综上所述，心理健康教育服务需要学校、家庭和社会三条路径共同推进实施，三方合力才能更好地推进青少年的心理健康教育服务。

---

① 俞国良：《现代心理健康教育：心理卫生问题对社会的影响及解决对策》，人民教育出版社，2007。

## 三、贫困地区青少年教育

### （一）青少年界定

对于青少年，不同角度有不同的界定。从教育学角度来看，青少年最大的特点是处于受教育的阶段，因此青少年期是指从接受中等教育开始，到就业、独立生活、结婚为止的这段时期。从社会学角度来看，青少年被看作人类社会化的一个必经阶段，青少年期的终结是以“获得职业、经济自立、建立家庭”为标志。为便于研究，综上考虑，本书将青少年定义为中小学生以及未在校就读的未成年人。

### （二）贫困地区青少年教育

1. 在校青少年教育

在校青少年教育包括智力教育和非智力教育两个部分。

在智力教育方面，目前很大一部分中小学生承受着巨大的学习压力，有的学生因学习成绩下降而产生厌学情绪，更有甚者出现自伤、自残、自杀等极端行为；也有一部分学生存在学习动力不足的问题，学习浑浑噩噩，在学校“混日子”，甚至有故意违反校纪校规“刷存在感”的现象发生。这时，教师需要提供适当的心理调适，帮助其将自身的压力控制在合适范围内，保持学生的身心健康。

在非智力教育方面，虽然非智力教育的重要性已经得到强调，但在实际教学中，偏重智力教育还是一种普遍现象，许多人认为非智力教育就是“玩”，对学生的未来没有什么帮助。中小学的非智力教育在推进的过程中仍需要不断加强和完善，要促进社会、家庭、学校意识的转变，使其意识到非智力教育对孩子成长的重要性，提高对非智力教育的重视程度。政府层面需要加强相关制度、政策、资金对于非智力教育工作的支持，扩充专职非智力教育教师编制，确保学校相关非智力教育工作正常进行；社会要营造良好的社会风气，积极为学生提供非智力教育实践平台；家庭中家长应尽量提供一个支持性的家庭环境，为孩子营造良好的教育和沟通氛围；学校要具体落实非智力教育工作的开展，从课程的设置、活动的开展、常规引导等方面推进工作，建立健全监督管理制度，确保非智力教育工作有序进行。

2. 非在校青少年教育

在本研究中，非在校青少年主要是指未完成高中（包括中专）学业的青少年。他们中的很多人的家庭本身就不富裕，能为其提供的资源、指导非常有限。很多孩子辍学之后都是跟着父辈干一些技术含量不太高的工作，甚至有些孩子仍在重走父辈的老路。随着时代的快速发展，这种不适应新时代发展的生活状态很容易让贫困继续传递甚至是加剧传递。

对于这些非在校的孩子，如果可以在早期给予适当的干预，强化其求学动力，助其安心完成学业，对孩子综合素质的提升和未来发展将有很大帮助。当然，这项工作的顺利开展，离不开教育工作者对孩子状态的及时发现和干预，也离不开教育工作者对心理健康教育技能的适当掌握和运用。

对于非在校的孩子，可以通过专业技能的培训助其掌握一定的专业技能，这需要政府的大力支持和大量的专业技能教师，使得技能培训真正“有用”。

# 第三节　研究现状及文献评述

## 一、对青少年心理健康教育服务的研究

### （一）国内青少年心理健康教育服务现状研究

1. 全社会广泛关注青少年心理健康教育问题

教育部于2002年印发了《中小学心理健康教育指导纲要》，2012年又进行了修订。这一纲要明确提出“全面推进、突出重点、分类指导、协调发展”十六字方针，并以此作为中小学心理健康教育的行动指南，为中小学的心理健康教育指明了发展的方向，极大地鼓励和推动了心理健康教育的发展。2016年，《关于加强心理健康服务的指导意见》（国卫疾控发〔2016〕77号）提出：中小学校要重视学生的心理健康教育，培养积极乐观、健康向上的心理品质，促进学生身心可持续发展。这充分显示了党和国家对加强青少年心理健康教育的重视。

2. 积极探索青少年心理健康教育的方法与途径

作为开展青少年心理健康教育的纲领性文件，《中小学心理健康教育指导纲要》（2012年修订）明确指出，心理健康教育的途径和方法主要包括：将心理健康教育贯穿于教育教学全过程、开展多种形式的专题教育、建立心理辅导室、密切联系家长共同实施心理健康教育及充分利用校外资源等。

当前，我国各级教育行政部门纷纷出台政策，加大对中小学心理健康教育教师和心理咨询人员的培训力度，设立了各层级心理咨询室。各地中小

学逐步明确了心理健康教育的学科地位，配备了专职心理健康教师，并在整个教学过程及学科教学中渗透心理健康教育。同时，一些社会心理健康教育服务机构也纷纷支持学校青少年心理健康教育服务工作。很多学校设立了心理辅导室并且开设了心理健康教育课程。

同时，渗透教育、运动干预、游戏辅导等形式在心理健康教育中越来越受到重视。林菁对天津青少年心理健康教育现状进行研究后提出，学科心理健康教育融入教学中渗透效果更加深入。① 宝家怡、赵敏对运动干预进行研究发现：体育活动可以使青少年释放压力、享受乐趣、增强自信。基于运动的干预通常在学校实施，不仅有利于青少年的身体发育，更能促进其心理、情绪以及社会发展。② 沈沛指出，游戏辅导就是通过开展富有情趣的游戏活动，让学生学会调控自己的情绪，懂得如何与别人合作，怎样正确对待失败等。游戏辅导可促进学生成长及发展，调动其积极性，有利于其从游戏中学习知识，体验生活。③

在实践中，家庭教育和社会资源的重要性逐步凸显。李文对家庭教育进行研究后指出，家庭是对孩子开展心理健康教育的重要阵地，学校和家庭在对孩子进行心理健康教育方面应该互为补充、缺一不可。④ 吕丽丽提出，学生的生活环境是家庭、学校和社区三位一体的，学生的心理健康教育不仅仅是学校单方面的事情，家长、社区也要配合学校，以立体式的方式使学生获得更丰富的心理知识。社区教育能促进青少年社会化成长，它是青少年

① 林菁：《天津市青少年心理健康教育现状调查》，硕士学位论文，天津师范大学，2014。
② 宝家怡、赵敏：《青少年心理健康促进研究现状》，《中国学校卫生》2017 年第 2 期。
③ 沈沛：《游戏辅导在小学心理健康教育中的应用》，《西部素质教育》2017 年第 3 期。
④ 李文：《中等职业学校学生心理健康教育研究》，硕士学位论文，江西农业大学，2013。

接受社会教育的一种重要方式和途径，也能给青少年提供特殊的课程和社会学习机会。①

3. 直击青少年心理健康教育中存在的问题

我国青少年心理健康教育领域成果颇多，但很多研究发现在教育实践中仍存在着一些问题。

陈虹在《中国中小学心理健康教育发展特色》一文中对我国心理健康教育存在的共性问题进行了研究，发现主要存在下列问题②：(1) 心理教师、心理课概念模糊，称谓不统一，而且将心理健康教育课称为心理课、心育课、心理辅导课等各种名称，内涵混乱；(2) 有些心理咨询室形同虚设，没有发挥应有功能；(3) 部分学校只注重智育，不重视心理健康教育，心理健康教育只是兼做或者做得不够，有的仅进行单一的辅导或团队活动；(4) 心理健康教育教师学术水平整体不高，专业素养有待提升；(5) 有些学校根本未开设心理课，心理健康教育只限于课表或者应付上级检查。

姚坤、施聪莺、邓铸对江苏省中小学校心理健康教育状况进行了研究，发现存在以下问题③：(1) 缺乏专业对口的专职教师，教学经验不足，专业对口教师比例偏低；(2) 经费投入普遍不足、发展不均衡，阵地和平台等建设有待加强；(3) 专业课程开设不规律，心理辅导和心理健康教育活动开展有限，中小学课业负担重、升学压力大导致被占课现象严重；(4) 相关管理制度不

① 吕丽丽：《中小学与社区心理健康教育合作路径探究——以大连金州区为例》，硕士学位论文，黑龙江大学，2014。

② 陈虹：《中国中小学心理健康教育发展特色》，《中小学心理健康教育》2017 年第 36 期。

③ 姚坤、施聪莺、邓铸：《江苏省中小学校心理健康教育现状调查研究》，《吉林省教育学院学报》2018 年第 2 期。

完善。

罗孟祥对三峡库区青少年心理健康教育现状的研究发现[①]：学校领导均认为心理健康教育工作很重要，但对该项工作认识不足，重视不够，贯彻落实情况有待加强。开设心理健康教育课的学校仅占28%，不定期地举办心理教育专题讲座的占56%，开展个别咨询辅导的占20%，仅在学科教学中渗透心理健康教育的占22.7%，没有开展心理健康教育工作的有13.3%，只有6.7%的学校建立了学生心理健康档案。此外，还存在资金投入不足、师资力量不足、专业教师太少、缺少系统的配套教材、家长对心理健康教育认知度较低、没有效果良好的心理健康教育模式可供参照等问题。

**（二）国外心理健康教育服务现状**

19世纪末，心理健康教育起源于美国，后盛行于欧美。自20世纪初美国心理学家霍尔的《青年期：它的心理学及其与生理学、人类学、社会学、性、犯罪、宗教和教育的关系》这一著作问世以来，青少年的心理健康问题便开始成为社会关注的重要研究课题。美国、英国、法国、加拿大、荷兰和日本等国较早开设学校心理健康教育，均形成了较完整的政策法规、良好的学术氛围、科学的理论基础、雄厚的经济实力及教育力量和专业的师资队伍，故在发展中取得了很多成果[②]。各国心理健康教育在发展过程中又各具特色，其中美国和日本的学校心理健康教育发展较为突出。

---

① 罗孟祥：《三峡库区青少年心理健康教育现状的调查研究》，《科学咨询（决策管理）》2008年第6期。

② 金晓婧：《苏州市中小学心理健康教育的现状及有效途径研究》，硕士学位论文，苏州大学，2010。

1. 美国的心理健康教育现状及发展趋势

美国的学校心理辅导工作始于20世纪40年代，50代末美国学者又进一步开展了关于发展性心理的研究，强调对各种心理危机进行早期预防和干预。主要特点如下：(1) 心理健康教育服务的范围从幼儿园延伸到了大学，服务对象由学生向家长、教师辐射。(2) 心理健康教育课程内容涵盖了科学心理知识、广泛的生活指导、心理健康咨询与跟踪、人际交往指导、职业规划与辅导等，课程设置主要有三种模式：系统教育课程模式(家庭、学校、社会三方整合)、积极教育课程模式(将积极心理学融入课程)、校本人格课程(基于学校实际结合人格教育设立)。① (3) 政府对学校心理健康教育给予足够的资金支持，重视程度远胜别国政府，在校的心理健康教育工作者不仅要通过美国学校心理学会和美国心理学会的认证，还要有充足的实践经验才可进入学校开展心理健康教育，每1 000名学生需要配备1名学校心理学家。(4) 朋辈心理互助是学校心理健康教育工作的一个特色，即学生为"中间联络者"，为产生矛盾冲突的同学提供第三方的介入，帮助青少年学生解决人际交往、学习困惑和性迷惘等方面的问题，对以教师为主的常规心理咨询起到有益的补充作用。(5) 心理健康课主要在德育课和体育课中渗透，不仅运用心理健康课程和学校心理中心来实施心理健康教育，还通过学校青年服务、校园生活支持和社会服务等途径渗透心理健康知识。

2. 日本的心理健康教育现状及发展趋势

二战后，受美国影响，日本进行了新教育运动。其中重要的是加强全社

① 于立杰：《美国中小学心理健康教育课程研究》，硕士学位论文，河北大学，2010。

会对青少年心理健康问题的重视，政府有整体规划，社会成员参与度高，对心理研究人员、从业人员的培养和管理等自成体系，为培养学生健全人格，日本各学校普遍设置心理咨询室。[①]

早在20世纪50年代，日本就已经开展学校心理辅导工作，20世纪60代后期开始注重中小学的心理健康教育，主要是围绕提高学生适应现代社会的心理素质而展开。20世纪90年代，日本逐渐开始在学校里设置心理咨询室，同时在中小学设置心理健康课程。日本教育界认为，应该从小就让孩子拥有健康的心理状态，学会处理各种对身心产生影响的问题，达到促进终身健康和安全生活的目标。家校合作是日本中小学心理健康教育重要的途径，学校会邀请家长参与学校的活动，通过家长开放日、运动会等机会让家长和孩子共同参与。为促进双方的沟通与合作，学校成立了家长、教师联合组织。日本的社区对学校的心理健康教育也十分支持，会有计划地为学生提供接触社会和自然的机会，使学生在社会的大环境中得到个人的成长。

3. 其他国家的心理健康教育现状

在欧洲，法国重视在实践和体验中提高中小学生的心理健康水平。丹麦经常使用的是行动培养法，学生能按照自己的计划和梦想采取行动，着重培养学生的“行动能力”，帮助他们完成自我教育。英国以促进学生的积极行为及情绪幸福感为目标，培养学生的自我认识、自我控制、共情能力、社会技能，以激发学生学习动力为主要内容。意大利国家健康研究院发起了一项旨在提高学生心理幸福感的研究，主要内容包括培养青少年的问题解决

① 黄兰：《日本基础教育的特征及其启示》，《广西师范大学学报(哲学社会科学版)》2000年第S1期。

能力、沟通能力和目标制订能力等。另外，芬兰研究者还以校园生态系统的改善作为青少年心理健康教育的主要内容。

## 二、对贫困地区青少年的研究

社会各界广泛关注青少年的健康成长，针对青少年成长过程中的问题和解决办法的研究非常之多，而对贫困地区青少年身心健康成长的研究却较为有限。下文将从三个方面梳理和总结贫困地区的青少年研究。

### （一）对贫困青少年行为的研究

马慧通过对云南边境民族地区青少年的研究发现，网络已经成为边境民族地区青少年信息交流的重要工具，正对青少年的生活方式、价值取向以及身心健康产生一些不良的影响。云南边境民族地区青少年网络行为（上网条件、媒介接触情况等）具有如下特点：网络工具普及率较高，青少年获取信息的主要渠道为电脑和手机；青少年对网络的使用大多数还停留在浅层性的信息查询及娱乐阶段；家庭缺乏对青少年网络行为的基本监督和引导；学校对青少年网络知识的教育不够重视；边境民族地区青少年网络媒介素养缺失。①

李杏对湘西地区侗族、白族农村青少年进行比较研究发现，两族农村青少年均存在不健康生活、饮食不规律和缺乏体力活动等行为特点，两族农村青少年尝试吸烟的人数比例相同，饮酒行为的普及程度很高，还存在网络成

① 马慧：《云南边境民族地区青少年网络行为及引导机制探讨》，《科技情报开发与经济》2015 年第 9 期。

瘾和伤害行为。①

彭波研究指出，欠发达地区青少年存在诸多健康危险行为，具有普遍性、集聚性、多样性及与社会经济文化的相关性等特点。具体表现为：存在不良饮食行为尤其是营养缺乏性的不健康饮食行为；运动锻炼与体力活动的参与度较高；故意伤害行为的问题较为严重，语言暴力与伤害、肢体暴力与伤害的检出率较高，敏感、孤独、缺乏安全感、自杀意念等心理问题检出率较高；吸烟、饮酒等可能导致物质成瘾的问题有低龄化趋势，个别青少年检出了吸食毒品、使用镇静剂的行为，与全国报告率相近；上网、网络成瘾行为与国内报告率相近，赌博的检出率较低；危险性行为与边缘性行为的自我报告率较低。同时，青少年健康危险行为在性别、学龄段、学校、经济地位等方面具有差异性。②

在诸多研究中，研究者针对研究地区青少年危险行为的监测难题，从不同方面提出了对策，促进了我国贫困地区青少年行为研究领域的发展。

### （二）对贫困地区青少年教育问题的研究

安国起、邓希泉对西部11个省（市）的青少年教育状况进行了分析，得出“西部地区初中辍学现象较严重，随年龄的增加，初中辍学或失学的比例直线增长”的结论。他们建议在一些正开展的非正规教育项目的活动中，动员校外青少年在条件允许的情况下重返校园，完成九年义务教育。③

① 李杏：《湘西地区侗族、白族农村青少年健康危险行为及其影响因素研究》，硕士学位论文，吉首大学，2017。

② 彭波：《欠发达地区青少年健康危险行为现状与健康促进对策研究——基于广安市的调查》，硕士学位论文，西华师范大学，2016。

③ 安国起、邓希泉．《中国西部青年发展报告》，《中国青年研究》2007年第1期。

刘佳宁研究发现辍学的青少年主要有家庭问题、心理问题和成绩不理想三个方面的问题，或由这些方面次生的其他问题。贫困地区青少年辍学的具体原因包括：社会风气存在问题；学校教学和管理质量跟不上；家庭条件困难需要子女外出打工补贴家用；学习成绩始终不理想导致厌学。相应对策为：传播先进的教育理念，社会各界应为贫困地区青少年提供广泛的社会支持；学校对待学生应去标签化；家人应给予青少年人生目标设定和心理健康教育更多关注；提升青少年对受教育的认知。①

刘仕慧分析青少年教育问题的形成原因有：父母角色缺位致使青少年启蒙教育缺失；隔代教育和父母的远程教育致使青少年存在不正确的价值观；家庭教育与学校教育难以形成合力。②

**（三）对贫困青少年成长知识获取途径的研究**

袁加俊、翁律侃从膳食营养知识、膳食营养态度、饮食行为、膳食营养知识获得的途径和需求等方面进行了分析。通过对西藏自治区两所中学的学生进行研究发现：学生主要从广播电视、朋友、亲人、网络、报刊书籍、课堂和讲座咨询获得营养知识。他们认为，青少年关于营养方面的知识有待拓展，饮食行为需要改善，需要充分发挥网络等新媒体的作用，拓宽营养教育的宣传途径。③

王洋指出，农村留守青少年由于缺少父母的监管和保护，自我保护意识

---

① 刘佳宁：《个案工作介入贫困地区青少年辍学问题研究——以义县九道岭J中学学生小李为例》，硕士学位论文，辽宁大学，2017。

② 刘仕慧：《民族地区农民工回流与青少年教育问题的解决——以贵州省凯里市梅香村为例》，经济研究导刊，2017年第13期。

③ 袁加俊、翁律侃：《我国西部地区青少年健康及营养膳食知信行研究——基于西藏、云南、上海三地的比较分析》，《上海青年管理干部学院学报》2013年第3期。

淡薄，易成为性侵犯的目标，尤其是那些独立生活的留守青少年。在对农村留守青少年的性教育、艾滋病防治知识、态度及行为等基本情况展开研究后发现，青少年获取性健康知识的途径主要有三种：一种是父母主导的家庭健康教育，由同性别的家长传授相关性健康知识；二是社会健康宣传，可通过阅读相关健康资料和各种广播、传媒的宣传教育获得；三是学校性健康教育，常由专门的健康教育老师主导。研究表明，初中生群体并不是性活跃群体，越早进行健康教育，青少年知、信、行的改变更显著，影响会更深远。要改善留守青少年的性健康状况，保护他们免遭性侵害，关键的还是要依靠父母的监管。①

## 三、对贫困地区心理健康教育服务的研究

### （一）对贫困地区青少年心理健康教育服务的研究

白庆坤等针对内蒙古东部贫困地区中小学心理健康教育发展现状，结合相关文献和实地调研，提出了“互联互通三级”心理健康教育模式：“互联”即通过电话、互联网进行心理辅导，做到辅导和咨询网络畅通无阻，做到全时间段服务；“互通”指所在区域内的各个中小学之间教师资源共享，形成合力，最后建设横向团队；“三级”是通过全校心理测评或者特定入学心理筛查等完成测评建档的阶段性任务，对全校学生心理健康及压力基线分布进行摸底，为后续开展分级服务提供指导依据，确保针对性及有效性。②

① 王洋：《西部农村留守青少年性健康知识现况调查和干预研究》，硕士学位论文，重庆医科大学，2014。

② 白庆坤、阿拉坦巴根：《内蒙古东部贫困地区中小学心理健康教育模式探讨》，《基础教育研究》2018 年第 1 期。

刘岚提出，鉴于在贫困地区、民族地区、汉族和少数民族杂居区鲜有开设心理健康教育课程，应该进一步加大力度，使心理健康教育能在全国得到比较平衡的发展。通过针对贫困地区民汉杂居区中学生实际心理健康状况开展心理健康教育的实验，得出结论：心理健康教育课程的实施有助于中学生了解自己的心理，提高自我监督能力，有效提高学习效率。在此研究基础上进一步提出：心理健康教育仅仅依靠每周的心理健康教育课和有关教师的教学是不够的，必须是教师全员参与，将心理健康理念渗透到教育各环节中，在教学实施中要注重发挥课程的发展性功能，必须加强心理健康教育教师和其他教师的素质培养，以适应心理健康教育需求。①

**（二）对贫困地区教师心理健康状况的研究**

王玉兰对迪庆藏族自治州中学教师进行调查研究后，分析了影响中学教师心理健康的主要因素和问题表现特征。研究发现：迪庆州中学教师心理健康水平比全国正常人群低，心理问题大部分为轻度症状，一定比例教师存在中度心理问题。从教师问题行为量表的检测结果来看，迪庆州中学教师达到中等严重程度以上的问题行为检出率较高。性别、城乡、是否担任班主任和不同任教年限等方面显著影响教师的行为；而民族、学历、任教年级、学科等变量对教师的行为均不存在显著影响。教师主要的心理问题表现为适应不良、人际关系紧张、情绪控制能力差、职业倦怠、人格缺陷、职业压力及身心疾病等。研究从社会（全社会共同营造有利于教师心理健康的氛围）、学校（为教师的心理健康提供有利的教育环境）、教师（努力提高自身心

① 刘岚：《浅议贫困地区心理健康教育的实施——乐居实验区的调查报告》，《昭通师范高等专科学校学报》2004 年第 1 期。

理素质）三方面提出了建议。①

李娟等结合贫困民族地区自然历史原因对小学教师心理健康状况进行了研究，心理健康观和经济贫困对心理健康有一定影响，故贫困民族地区少数民族教师的心理健康水平较低。研究发现，贫困民族地区小学教师与其他地区的教师一样承受着工作、职业竞争激烈等方面的压力，加之他们对工作条件、住房条件、经济待遇、文化生活等方面均有诸多不满意，致使其生活质量相对较低，诸多因素不同程度地影响着贫困民族地区小学教师的身心健康。②

宁盛卫、张庆林对海南省民族地区的 248 名女性幼儿教师进行了调查。结果表明：黎族地区幼儿教师在面对压力时优先采用积极的应对方式；城市幼儿教师采用积极应对方式的比例显著高于农村幼儿教师。研究根据应对方式特点提出了促进民族地区幼儿教师心理健康成长的相关对策。③

### （三）对贫困地区青年农民心理健康状况的研究

叶金辉、喻林提出，为了提高贫困地区青年农民的心理健康水平，要提高青年农民的文化素质；丰富青年农民的业余生活，拓展青年农民的闲暇空间；组织青年农民外出打工就业；乡村干部要多与青年农民沟通；适当地

---

① 王玉兰：《迪庆藏族自治州少数民族地区中学教师心理健康状况调查分析》，硕士学位论文，云南师范大学，2006。

② 李娟、李辉、黄高贵，等：《贫困民族地区小学教师心理健康状况》，《中国学校卫生》2006 年第 12 期。

③ 宁盛卫、张庆林：《民族地区幼儿教师的应对方式及其对心理健康的影响——以海南黎族地区为例》，《民族教育研究》2015 年第 5 期。

宣传一些心理学科普知识，让青年农民逐步了解一些心理调节和心理放松的方法。①

叶金辉、雷良忻对影响贫困地区青年农民心理健康的因素进行研究后发现，群体心理健康水平有待进一步提高，贫困地区青年农民心理健康受文化程度、婚姻状况、职业、出生次序、所经历的生活事件、所获得的社会支持、所采取的防御方式等因素的影响显著，他们的心理状况已成为乡村振兴一个不可忽视的重要课题。②

## 四、文献评述

为了能够使本研究更为全面且更具可行性，课题组成员进行了大量的文献梳理和研究，以能够比较全面地了解学界对于贫困地区青少年及其周边群体心理健康教育的观点和做法。在文献梳理中，课题组从青少年教育、贫困地区心理健康教育发展等几个维度，对贫困地区青少年、教师以及周边群体进行了多方面的梳理：

第一，对青少年心理健康教育的发展已达成共识。总体看来，青少年心理健康教育已引起了全社会的广泛关注，其发展趋势为由救治性的医学模式向发展性的生态模式转变。现有研究普遍肯定了我国青少年心理健康教育取得的成果，同时也客观分析了我国心理健康教育存在的问题。专家学者们提出各种心理健康教育的方法与途径，旨在形成学校、家庭与社会心理

① 叶金辉、喻林：《增进贫困地区青年农民心理健康的途径》，《广西社会科学》2002 年第 4 期。

② 叶金辉、雷良忻：《影响贫困地区青年农民心理健康的因素研究》，《江西师范大学学报》2001 年第 4 期。

健康教育服务联动网络，各种资源共享、优势互补，形成一个教育链。而对国外心理健康教育服务现状进行概括，目的是借鉴国外研究取得的成果，扬长避短，以此促进我们的研究。

第二，对贫困地区青少年的研究，主要从贫困地区青少年的行为模式、成长特点、学习状况、与青少年成长有关的知识传授等方面展开。父母的受教育程度普遍偏低，家庭教育欠缺、父母角色缺位等仍是导致贫困地区青少年心理健康教育缺失和危险行为产生的主要因素。我国城乡教育在投入、制度、评价和结果等方面都不同程度地存在不平衡现象，贫困仍是青少年厌学、辍学的主要原因。地理位置、生活环境、社会经济和教育发展水平等方面存在的差异极大影响着贫困地区青少年的身心素质。

第三，对贫困地区心理健康教育服务的研究主要集中在心理行为问题高发群体（如流动儿童、留守儿童、库区移民等），这表明当前贫困地区心理健康教育服务还停留在以救治性或补救性为主要特点的医学模式，今后的工作应以全人群关注为主，以发展性和预防性教育为主、救治性和补救性为辅。现有研究也显示，对大学生心理健康教育服务的研究较多，而对中小学生心理健康教育服务的关注较少，甚至有的地方对青少年心理健康教育服务的研究还是一片空白，因此要转变观念，加大青少年心理健康教育服务的投入力度，助力贫困地区青少年身心健康成长。

总的来看，经过对文献的梳理，我们发现对于贫困地区青少年心理健康教育的研究，还有以下几个方面需要得到进一步重视和发展。

第一，结合贫困地区的特点，社会整体对青少年成长心理健康环境的认知还需进一步提升。从文献梳理可以看出，重视青少年的心理健康教育毋庸置疑，但是由于经济社会发展相对落后，社会整体认知水平不高，对于心理健康的认知只停留在“是什么”的阶段，还没有能够接受或者理解“为什么”和“怎么做”。很多研究只是描述现象，对于如何提升贫困地区社会对心理健康的整体认知的方法讨论较少。当然，这是一个长期的系统性工程，需要全社会共同努力。

第二，教师和家长基本心理健康教育知识的普及方法还需要进一步探索。随着社会对青少年成长的日益重视，贫困地区青少年的家长和教师已经开始关注并重视孩子的心理成长，但基本心理健康教育知识的普及还存在较大的缺陷，在很多研究中提到了这样的观点，普及的方法和路径的探索之路还很长。

第三，各级教育主管部门从宏观角度整体推进青少年心理健康教育的路径和方法还需要进一步探索。国家对于青少年心理健康教育的规划已经明确了目标，落实到基层，需要各级教育主管部门整体思考推进青少年心理健康教育的方法路径。纵观各种研究，由学校主动进行心理健康教育发展的例子不鲜见，但由教育主管部门整体推进的心理健康教育工作尚且不多。如何充分发挥教育主管部门整合资源、宏观推进的优势，满足社会整体层面对心理健康教育的需求，是本研究要解决的重要问题。

第四，推进青少年心理健康发展性教育服务的力度需要进一步加大，对青少年突发心理健康危机干预的能力需要进一步提升。青少年心理健康的发展是一个过程，因此，要将青少年心理健康教育作为一个过程来进行控制，不但要有发展性、辅助性教育支持，而且要创建一个应对心理危机事件发生的有效机制，这两方面内容在贫困地区还均处于起步阶段。正如前面有研究指出，对于心理危机的处理，很多学校往往处在被动的位置。因此，教育系统要将这个工作作为一个过程控制的系统工程来研究，并找到符合本地区实际发展的方法和路径。

## 第四节 研究的内容、思路和方法

### 一、研究基本内容

本研究总体共分为五个部分。导论部分主要指出，要实现巩固拓展脱贫攻坚成果与乡村振兴的有效衔接，就要发展教育从而有效阻断贫困代际传递，并阐明在发展教育过程中，不断加强乡村教育中的心理健康教育工作，对教育长效发展具有极为重要的支持作用。第二部分以贫困地区实地调研为基础，论述在贫困地区推动心理健康教育发展的必要性和紧迫性。在从不同角度深入分析贫困地区对心理健康教育需求的基础上，通过对教师和学生的问卷调研和数据分析，说明在贫困地区开展心理健康教育服务工作是必要而且紧迫的。本研究发现，在"脱贫＝扶志＋扶智"的方程式中加入"扶心"的元素，建立"扶贫＝扶志＋扶智＋扶心"的方程式，可以为贫困地区学生的发展提供持续的内生动力，从而强化教育脱贫的持久动力。第三部分从四个维度，以实际访谈案例说明贫困地区青少年在心理健康教育方面面临的困境和需求。第四部分主要呈现在调研地进行深入访谈的典型案例，在对这些案例进行类型学划分的基础上，阐明现阶段乡村青少年面临的典型心理困惑的过程：我是谁—我在哪—我该往哪里走。在每一个阶段，乡村孩子都有极为典型的心理问题反应，这些深入研究可以为我们进行针对性干预提供借鉴。第五部分在助力乡村振兴的整体背景下，结合贫困地区教育发展的实际和社会认知情况，阐明现阶段在贫困地区开展心理健康教育服务工作不仅是必要的，而且是可行的，是具备充足条件的；在此基础上，提出一套能够适合贫困地区发展实际的心理健康教育服务模型，并作为前期实践的一个总结，也可以作为类似地区开展心理健康教育服务工作的参考借鉴模型。

## 二、研究基本思路和方法

在研究过程中，明确的问题意识是解决整体逻辑的重点，本研究的问题意识在于：脱贫攻坚战取得全面胜利，乡村振兴的大业已经展现在我们面前，乡村振兴，教育先行。在不断发展乡村教育的过程中，促进青少年的身心健康全面发展是我们必须面对的重要课题，是巩固拓展脱贫攻坚成果、防止贫困死灰复燃、阻断贫困代际传递的重要内容；紧密结合贫困地区社会发展实际，结合农村青少年的心理健康发展特点和贫困地区教育整体现状，开展行之有效的心理健康教育服务工作，是要解决的核心问题。

从这个核心问题出发，按照研究逻辑，本研究还将面临一系列的衍生问题：第一，贫困地区的青少年心理健康现状究竟如何？第二，贫困地区青少年的心理健康问题与城市青少年的问题是否一样？第三，为什么可以将贫困地区作为一个典型模型来整体思考？第四，贫困地区是否具备发展心理健康教育的条件和基础？第五，紧密结合贫困地区教育实际，如何能够探索出一个行之有效的工作模式。对以上五个问题的解决便形成本研究的整体思路，即贫困地区社会发展实际—开展心理健康教育工作的必要性和紧迫性—贫困地区青少年的心理健康真实情况(案例分析)—贫困地区开展心理健康教育服务工作的可行性(教育发展现状)—贫困地区开展心理健康教育的模型探索(基于实践)。

在研究方法上,本研究主要采用实证研究方法,关注贫困地区青少年的心理健康现状以及开展心理健康教育研究。结合社会个体的社会角色以及所处的社会结构和文化特征,需要运用人本主义的研究方法。在针对生存世界的研究过程中,研究人员主要运用参与式访谈和观察法,力争原汁原味地展现贫困地区青少年的生存境遇和实际问题;在突出典型问题特征的研究过程中,以心理学案例分析的方法,结合研究者自身的心理服务过程,对典型案例进行分析;在研究普遍现象的过程中,运用问卷调研的方法科学抽样,力求数据结果真实反映当地青少年心理健康水平的真实情况,并结合专业心理自测软件的测量结果进行数据分析,为研究提供有力的定量结果的支持。

为了能够确保调研的真实准确以及保持案例的典型性和针对性,在研究过程中,邀请当地中小学专业教师以及政府有关工作人员组成课题组,对研究进行深入分析和讨论。

在项目推进的过程中,课题组成员深入基层一线,与当地干部、群众、家长、教师、学生进行深入访谈,获得第一手资料。在研究过程中,课题组充分运用了社会学的社会调查方法和心理学的案例分析法,力求使得每一个案例都能够在如实反映情况的同时,为研究结果提供有力的论据。在微观调查过程中,课题组注重观察表情、姿态、手势、面容、眼神、情绪等多个方面的细节;在话语方面,注重特有的话语情境、形式以及话语内涵,从话语的表达方式到理解方式，从交谈的语言风格到情感表达等多个角度进行细致勾勒；在日常生活方面，注重生活境遇的考察，注重内心反应的体验，注重人际关系的考察；在案例分析过程中，必须在注重案例的真实性的同时，深入了解案例的规律性和代表性；在宏观思考和模型设计过程中，应注重结合当地的工作实际，结合政府工作、社会现状、学校实际等多个方面，切合实际设计工作思路，并且进行试点性尝试，以获得工作经验，不断修正模型，最终展现研究结果。

在研究结果的分析过程中，本研究紧密结合在调研地展开的前期实践结果，总结归纳出一个适合现阶段贫困地区社会发展、教育发展实际的工作模型。诚然，这个模型还在实践试验阶段，很多环节还需要细化，很多内容还需要丰富，但毕竟是以贫困地区整区域为基础进行的心理健康教育服务模式的探索和尝试，可以为其他类似地区开展本项工作提供参考，也可以为相关研究者提供借鉴。

# 第二章　扶贫扶心：贫困地区青少年心理健康教育必要性

## 第一节　贫困地区青少年更需要心理健康教育

董奇、林崇德主编的《当代中国儿童青少年心理发育特征——中国儿童青少年心理发育特征调查项目总报告》[①]在认知能力、社会适应、成长环境和学业成就四个领域对全国近10万名青少年和抚养人进行了调查，其中对于城乡青少年的心理发育特征进行了详细的数据对比。研究表明，相比发达地区，欠发达地区儿童青少年的很多心理发育特征指标都相对较低。这也充分说明，对于欠发达地区，尤其是贫困乡村的青少年，心理健康教育更为必要，且发展任重道远。

① 董奇、林崇德：《当代中国儿童青少年心理发育特征——中国儿童青少年心理发育特征调查项目总报告》，科学出版社，2011。

## 一、“愚—贫—愚”是一个恶性循环

### （一）愚—贫—愚

无知导致贫困，贫困加剧无知，这反映的是贫困地区贫穷现象反复的恶性循环状态。20世纪60年代初，在研究贫困阶层长期性贫困现状的过程中，美国的经济学家发现贫困家庭和贫困社区存在贫困的代际传承现象，从而提出了“贫困代际传递”概念。这个概念从社会学阶层继承和地位获得的研究范式中发展出来，是指贫困以及导致贫困的相关条件和因素，在家庭内部由父母传递给子女，使子女在成年后重复父母的境遇——继承父母的贫困和不利因素并传递给后代形成恶性遗传链；也指在一定的社区或阶层范围内，贫困以及导致贫困的相关条件和因素在代与代之间延续，使后代重复前代的贫困境遇。①

在贫困地区，部分群众住在偏僻的山区或半山区，他们或小规模聚居或分散而居，以基本的生存需求满足为首要目标。有的地方生存环境恶劣，农作物单一，人们无法获得正常的营养保证，因此当地人整体身体素质偏低（表现为身材矮小、瘦弱，肤色黄黑）。个别边远民族地区医疗保健情况相对较差，有的地方还保持着小病靠山上草药救治，大病到镇医院就诊的情形。部分地区教育观念落后的现象明显，教育方式往往以家中长者（爷爷、奶奶、爸爸、妈妈等）对晚辈的口耳相传为主，上一辈的性格、生活习惯等在无形中影响到孩子；此外，办学条件差，教育设施落后，一些贫困农民生活困难，不能给子女的学习生活提供有效支持，导致当地的中小学生辍学率很高，青、

① 杨希玲：《新生代农民工贫困代际传承对策分析》，《农业经济》2012年第4期。

壮年文盲人数居高不下。多少年来，由于历史、环境、经济、风俗习惯等因素的影响，贫困地区农民一代又一代在贫困的怪圈中挣扎。

**（二）摆脱愚—贫—愚的恶性循环**

令人欣慰的是，国家正大力优先发展教育以改变贫困地区贫困落后的现状，X县积极响应国家的号召，相继实施了优先发展职业教育、控辍保学等政策，广大扶贫干部、有关部门人员还在为因各种原因失学、辍学的孩子们复学的事奔走忙碌着。X县通过加强统筹、重点扶持、加大投入等一系列政策措施，推动了民族教育事业优先发展。各级各类学校开展了厌学学生劝返、送教上门、“手拉手”结对帮扶贫困生等活动，使每个学生有书读，每个学生均能走进课堂。

“党的政策真好，派驻村干部到我们这里，宣传晚婚晚育、优生优育的好处。我们也晓得了生病要去医院，不是只靠吃草药，或者是求神仙保佑。国家给我们贫困民族地区实行了优惠政策，我们只要花很少钱就能看好病。房子盖得很宽敞了，公路一直通到家门口，我们的山珍可以很快运到城里去卖。

“还有驻村干部帮村里办夜校，让村民学习文化知识；根据山村的情况，兴办了养殖业；大量种植菌类和药材，外地商人直接到村里来收（购），每年每家都可以收入几万块钱。更好的是驻村干部还记录了我们民族农闲时唱歌、跳舞的情况，现在我们附近村子都有自己本民族的歌曲了。

“我们村里二十几年前出过一个大学生，人家在城里挣很多钱，还捐了几十万给村里盖学校，经常给乡亲们讲自己读书的经历，看到读书带来的好处，娃娃们都高高兴兴地去上学了。上学不用交学费，还提供营养餐，我们都不消操心娃娃们学习的事情。

“我们已经把愚昧赶跑了。”

——贫困地区一位村支书

在贫困地区，愚与贫互为因果，相伴而生。因此，要摆脱愚与贫互为因果的恶性循环，就要把教育放在优先发展的位置。

## 二、贫困地区对心理健康教育需求急切

### （一）老师的疑问：为什么学生成绩不能再上一个台阶

客观地说，没有任何证据可以表明城乡孩子在智商上存在着明显的差距；从教育教学的质量来说，随着国家对义务教育的加大投入，现在的农村中小学的教学硬件和师资水平已经有了较大的提升。农村中小学教师的学历水平不断提高，本科率也不断上升，加之国家对于农村中小学教师的各种技能培训不断加强，农村的基础知识教育水平已经完全能够满足学生知识获取的需要。但是，很多老师会发出疑问：我们这么尽力地在教，孩子们也努力地在学，为什么成绩不能有一个跨越式的提升，似乎总有一道隐隐的坎横拦在前面？

当城里的家长在为学校组织的家长会安排时间、面对老师头疼的时候，乡村的老师们也在为组织一场家长会头疼。“有的时候孩子生病了，我们和家长联系：‘你过来看看，我们一块把孩子送到医院。’家长回复说：‘我们忙不赢（忙不过来），没有时间，你们老师看着办吧。’”一位老师说到这些情况，无奈地苦笑。开一次家长会，家长根本来不齐，就算来了，也是爷爷或者奶奶或者其他亲戚，交流都成问题。“曾经有一个奶奶，来到我们的办公室，气

势汹汹地用方言和我们说了半天，最后我们才明白，她说的是为什么要批评她的孙子。”另一位老师也表示无奈。家庭教育、家校互动对于孩子的成长有着极大的支持作用，但是，在贫困地区，这两个重要的支撑功能并没有得到发挥，孩子学习之外的情感需求也没有得到支持，因此在促进成绩提升方面就产生了一道难以逾越的鸿沟。①

**（二）家长的困惑：孩子到底怎么了**

相比教师的苦恼，很多农村家长也是满心困惑：“我都已经把孩子喂养大了，送到学校了，学校就应该教育好，我们还要挣钱养家供孩子读书呢。”这样的观点，并不是个别现象。“我们每天拼死拼活，还不是为了你们能够长大，好好学习，你们还要我们做什么？”当老师告诉家长，孩子需要情感方面的关心，需要父母多鼓励、多陪伴的时候，很多家长表示迷茫和不解，不明白孩子究竟怎么了。

随着社会的发展，心理健康的概念已经得到普遍认同。我们会发现，提到心理健康，从教师到家长，没有人会说不重要，但是，究竟该如何做，大部分人都表示不知道。虽然乡村教师的素质不断提高，但在面临复杂的心理健康问题的时候，很多老师也觉得无计可施。有的老师表示，明明已经知道班里的某一个孩子出现了明显的抑郁甚至自伤自杀的倾向，但根本不知道如何处理，每天胆战心惊，唯恐孩子出事，告诉家长，家长也是着急加无奈。有的老师表示，很多时候还会出现部分老师用简单粗暴的方式处理孩子的问题，类似于“不遵守纪律就给我滚回去”“怎么这么笨，以后怎么办，你还是

① 储琰：《扶贫扶心：乡村振兴背景下贫困地区青少年心理健康教育服务模式探索——基于云南X县的调研和实践》，《社科纵横》2019年第3期。

别上了”这样的语言经常会出现。

**（三）社会的认知：这个人是精神病**

谈起心理健康的重要性，社会是普遍接受的，但对心理健康的基本概念和基本认知，在社会上还是有很多的误区。很多人甚至认为，产生了心理问题就是得了精神病，是难以启齿的。访谈发现，不仅是社会的认知，在某些学校中，个别教师也会认为心理出了问题就是得了精神病。事实上，很多农村所谓的精神病，更多的不是病理性的精神疾病，而是应激性的心理反应。在某个村庄，我们曾见到了一个村民口中的精神病患者，这是一个20岁出头的年轻人，穿戴整齐，目光茫然，无目标地一边游走，一边自言自语。村民说，这个年轻人原来也是读书的，成绩还很好，就是在中学的时候和一个小姑娘谈恋爱，后来被人家甩了不说，还当着很多人的面被奚落了半天，回来自己在屋子里关了几天，出来就这样了。实际上，这种村民所谓的“精神病”，如果当时干预得当，及时疏导，还是有可能避免的。

**（四）学生的担心：我该怎么办**

在贫困地区，虽然心理健康的重要性基本得到认同，但对于青少年心理健康问题的处理，存在一个怪圈：“没有人说不重要”—“有了问题不知道是问题”—“知道了也不愿意承认”—“承认了也不知道去求助”—“想去求助也不知道该如何求助”。这个怪圈，让家长和教师感到纠结，同样也让学生感到困惑。课题组在调研中了解到，有的中学生感到自己有抑郁倾向，向亲密的朋友和家长倾诉，家长通过各种途径了解，找到了自认为是明白的、有知识的人对孩子进行劝解，劝解的结果是孩子越发感到没人理解，更加困惑和痛苦。这样的干预反而对孩子的自我认知造成了一定的伤害，也人为地为后面转入专业干预增加了阻碍。以至于孩子最后在求助：我究竟应该怎么办？

实际上，在青少年教育过程中，作为家长和教师，一定要掌握一些基本的心理健康常识。只有通过观察孩子的行为，了解孩子的内心世界，练就一双能够发现问题的眼睛，才能及时地发现孩子的问题，及时地寻求专业的支持并解决问题。

## 第二节　教育扶贫：阻断贫困代际传递

习近平总书记指出："扶贫必扶智，让贫困地区的孩子们接受良好教育，是扶贫开发的重要任务，也是阻断贫困代际传递的重要途径。"优先发展教育的必然结果就是提高人口特别是贫困人口的科学文化素质，使其成为有知识、有文化、有技能的劳动者，进而靠知识、凭技能来摆脱贫困，阻断贫困的代际传递。这实际就是人们常说的可通过"富脑袋"来实现"富口袋"。①

### 一、"输血式"教育扶贫解决基本教育需求

人口文化素质相对低下，既是以往贫困环境导致的结果，也是新一轮贫困发生的原因，要想避免贫困，就要大力发展贫困地区教育，提高广大贫困人口的科学文化素质。

在脱贫攻坚初期，贫困地区的教育面临很多现实的困难。有的学校校舍过于简陋甚至是危房，有的学校校舍过于拥挤，三五个班级的学生在一间

① 李晓延：《教育为何能阻断贫困代际传递》，《人民论坛》2017 年第 30 期。

教室上课。教学设施过于简单甚至是缺乏，有的学校“地为凳子砖为桌”，有的学校学生唯一的体育器材就是“石子当铅球来抛”，有的学校“学生上了一学期信息技术课但从来没见过真实的电脑”。学生的上学路途过于遥远甚至是艰险，有的学生“单程小跑一个小时左右，一天来回四趟”，有的学生“上学的路上要过一条大河，还要翻一座大山”。学生的学习条件过于艰苦，有的学生“中午跑回家吃个饭的时间不能超过十分钟，要不然就迟到了”，有的学生“一年级就住校，还要自己做饭吃”。学校的师资过于匮乏，有的学校“就一个老师，什么科目都上”，有的学校“新老师来看看就走了，留不住人的”……

应对诸如以上客观、现实、亟待解决的问题，“输血式”扶贫是极为高效的一种方式。加大资金投入，确保资金用于所需：改建校舍、补充教学设施，解决用餐问题、提高教师待遇……在X县大力脱贫攻坚和义务教育均衡发展的过程中，上述简陋的校舍、贫瘠的设备已经都成为历史，一栋栋崭新的教学楼、各种教学设备一应俱全。在硬件上保证贫困地区教育教学的正常有序开展，让贫困地区孩子享受相对公平的教育资源，让“寒门出贵子”的先决条件得以保证，这第一步的目标已经达成。辩证地看待贫困地区的教育扶贫，在初期解决基础设施的“输入式”扶贫是有必要的，这是造血式扶贫的前提。

## 二、“造血式”教育扶贫激发发展的自身动力

“授人以鱼不如授人以渔”，在基本条件具备的前提下，激发自信、更新观念等造血式激励需要进一步加强，贫困地区的教育扶贫，已经由“输血式”转变为“造血式”的自发发展。

### （一）营养餐政策的有效普及

2012年5月23日，教育部、中宣部等十五部门印发《农村义务教育学生营养改善计划实施细则》，旨在进一步规范对农村义务教育学生营养改善计划实施工作的管理，切实有效地改善农村学生营养健康状况。各地纷纷出台相应政策，结合实际情况，制定并落实可行的营养餐供应模式。部分学校建立了完整的“热乎营养餐”的食堂供餐模式，保证了“牛奶＋鸡蛋”的标配营养餐。这类营养餐在保证学生吃得好的同时，也在保证学生吃得安全、吃得健康。

营养餐的供应，在很大程度上解决了贫困地区一部分青少年不同程度营养不良的实际问题，对于改善贫困地区青少年的营养状况、增强孩子们的体质问题将产生深远影响，对于巩固“普九”成果，提高贫困人口综合素质也同样具有重要作用。

从医学角度来看待“造血”，只有在身体机能正常的情况下，才能制造新鲜的血液供人体循环利用。从这个角度出发就能更加通俗地说明营养餐对于阻断贫困代际传递的重要性。良好的身体素质能够帮助贫困地区的孩子更好地坚持学习、掌握知识技能。

### （二）义务教育免费政策进一步落实

1986年4月，我国颁布了《中华人民共和国义务教育法》。这是中国首次把免费的义务的教育用法律的形式固定下来，也就是说适龄的“儿童和少年”必须接受9年的义务教育。

自2001年以来，我国政府对农村义务教育阶段贫困家庭学生就学实施“两免一补”资助政策。主要内容是对农村义务教育阶段贫困家庭学生“免杂费、免书本费、逐步补助寄宿生生活费”。这项政策从2001年开始实施，其中中央财政负责提供免费教科书，地方财政负责免杂费和补助寄宿生生活费①。

2006年9月1日，修订后颁布的《中华人民共和国义务教育法》明确规定，“实施义务教育，不收学费、杂费”，国家从法律的层面确立义务教育经费保障机制。法律不再只是停留在文字上，而是落实到实实在在的行动上。在2007年春天，这项改革推广到全国农村；同年秋季，全国农村义务教育在免交学杂费的同时，还免收了教科书费，1.5亿学生因此受益；2017年，又调整为对城乡义务教育学生全部实行“两免一补”政策。

义务教育的免费，政策的逐步完善与落实，让贫困地区的孩子不会因学杂费而发愁，不会因教科书费用而发愁，不会因寄宿生活费而发愁。这些有力的保障，大大提升了贫困地区孩子的科学文化素质，为向着未来更高学历层次的迈进打下坚实基础，也为孩子们未来的生活、就业奠定了坚实的基础。

### （三）大力发展职业教育

1978年，邓小平同志在全国教育工作会议上指出，要调整中等教育结构，发展职业技术教育以适应市场经济发展的需求。1980年，教育部、国家劳动总局颁布了《关于中等教育结构改革的报告》，提出将一部分普通高中转为职业技术学校。这两项政策切实推动了职业教育的发展。

1991年颁布的《国务院关于大力发展职业技术教育的决定》对职业教育进行了顶层设计，提出要“初步建立起有中国特色的，从初级到高级、行业配

① 白强强：《农村义务教育免费制度的实施现状探析》，《成功(教育)》2009年第7期。

套、结构合理、形式多样，又能与其他教育相互沟通、协调发展的职业技术教育体系的基本框架”。

1996 年颁布的《中华人民共和国职业教育法》确立了职业教育的法律地位，用“职业教育”取代了过去的“职业技术教育”，对政府、社会、企业、学校以及个人在职业教育中的权利和义务做了规定，对职业教育的办学体制、管理体制予以明确，对政府在发展职业教育中的责任予以明确。《中华人民共和国职业教育法》的颁布标志着我国职业教育进入依法办学、依法管理的阶段。

2010 年，中共中央、国务院颁布《国家中长期教育改革和发展规划纲要（2010—2020 年）》，要求把职业教育摆在更加突出的位置，争取到 2020 年，形成现代职业教育体系。

这些文件的颁布、实施确保了职业教育的正常、有序开展，同时也折射出职业教育的重要性。

在 X 县有很多这样的例子，有高中毕业未考取大学的女孩，参加了小儿推拿的职业教育培训，自己开了一家店铺，几年下来家里经济情况大有改善；有初中毕业的男孩，因为自己从小喜欢做饭，参加了厨师的职业教育培训，毕业后自己在大学城开了一家小吃店，家人帮忙打理，一家人日子很快红火起来了；有初中未毕业就辍学打工的男孩，参加了室内装潢的职业教育培训，在一家装潢材料店做销售，业绩十分可观……这些孩子因为职业教育，实现了最为实际的经济效益提升。

职业教育的主要功能是培养技术型人才。在教育扶贫中，如果贫困人口能够顺应市场需求，掌握一技之长，会对增强扶贫内动力，提高贫困人口自我发展能力，促进就业增收，加快脱贫致富有独特的作用，是最有效的“造血”。①

## 三、心理教育转变思想阻断贫困传递

随着教育扶贫力度不断增强，孩子因为“没钱”无法上学的现象已经基本不存在。各种扶贫政策、奖助学金、企业个人资助等，都能很好地帮助一个愿意学习的贫困孩子。正如当下极为流行的一句话“当你努力的时候，全世界都会来帮你”。

然而，不能否认，贫困地区还有很大一部分青少年受到“贫困思想”的影响，如果不积极地干预与引导，他们很难抵抗传统观念带来的贫困传递的影响。有的孩子因为家族缺乏“教育脱贫”的榜样，加上家人“拿个毕业证、识两个字将来好打工”观念的灌输，学习动力缺乏；有的孩子受家人“你不适合读书”等消极暗示而缺乏学习自信心；有的孩子因为家庭经济条件不佳产生自卑心理；有的孩子因为不良的亲子关系和同伴关系，不能集中精力学习。

教育扶贫在保证孩子上学的物质基础的同时，还需要关注孩子的心理健康教育，恰当的心理帮扶和引导是很有必要的。要帮助贫困地区孩子认识自我、悦纳自我、增强自信心，使他们能够积极应对现实，积极努力为未来奋斗；要为他们进行职业生涯规划，引领他们结合自身实际思考未来，逐步规划未来，将遥远的未来与当下相连接，增强学习动力；要给予他们适当的沟通、情绪调节等方法与技巧指导，帮助他们建立更加和谐的人际关系。

---

① 王玉玺、杨倩：《职业教育西部精准帮扶的创新与跨越》，《创新创业理论研究与实践》2020 年第 19 期。

教育扶贫从“授人以鱼”的“输血式”扶贫，到“授人以渔”的“造血式”扶贫，再到阻断“贫困思想”传递的“扶贫扶心”，形成有机结合的逻辑整体，才能更好地阻断贫困的代际传递。因此，要实现乡村振兴，必须教育先行，而在发展教育的过程中特别要关注心理健康教育的重要性。

### （一）培养新一代高素质农民需要心理健康指导

新一代高素质农民，是乡村振兴的需要，他们不仅仅要掌握更多的劳动技能，还要有阳光积极的心理状态。在农村许多年轻人会出现一种“两边不讨好”的现象，他们外出打工时会产生本领恐慌和地位恐慌，“融入不了城市又不安心在农村生活”的矛盾心理使他们的生活质量一再降低。此外，在农村着力推进和谐的邻里关系、温馨的家庭氛围、良好的家庭教育环境等过程中，都需要心理健康指导作为支持。我们要培养新一代的高素质农民，促使他们拥有良好的心理状态，具备准确的自我评价、恰当的角色定位、良好的调节技能等方面的素质，为乡村振兴提供良好的支持。

在农村，这些青年是一支非常重要的力量。首先，他们年轻，有希望、有活力；其次，他们有一定的知识水平，对于新事物、新信息接受比较快；再次，他们对乡土充满感情，爱这片家园；最后，他们的关系网络在本乡本土，具有一定的人际关系力量。这些条件，都是他们能够在乡村发展，成为优秀的新一代农民的重要前提。而事实上，很多青年还在“两边不讨好”的人生中纠结，甚至有些人由此愤世嫉俗。这个时候，就需要正确的心理健康知识的疏导，帮助他们尽快找到自我角色定位，实现自身价值。

### （二）乡村文明的发展需要身心健康的新一代

在乡村振兴战略中，“乡风文明”是乡村振兴的保障，“要推动乡村文化振兴”，不断“焕发乡村文明新气象”。“乡风”体现了农耕文明和现代文明的有机结合，是维系农情、乡情、亲情的重要纽带，也是治理有效、生活富裕的精神支持①。

营造一个乡风文明的农村社会，需要的是摆脱“等靠要”的心理，摆脱“我穷，我有理”的心态，极大地激发群众脱贫的内生动力。新一代的年轻人接受过教育，感受过外面的世界，他们的返乡可以改变乡村陋习。另外，通过心态的教育和引导，尤其是让新一代的青年人作为家庭中的新风带动者，用正能量带动一个家庭，效果还是非常明显的。X县在脱贫攻坚过程中，利用寒暑假时间，开展“千名老师家访，小手牵大手脱贫”活动，通过老师和孩子们的影响，为营造乡村文化的正能量提供支持，取得了很好的效果。

### （三）乡村教育的成果为心理健康教育发展提供良好基础

随着乡村义务教育经费投入的不断加大，我国乡村义务教育已经具备了良好的基础。贫困乡村的孩子们，已经能够在宽敞、明亮、安全的教室中求学；而且，教育教学设备不断丰富，基本能够满足孩子们的教育所需。这是我们进一步开展心理健康教育服务的良好基础。

越来越多的乡村学校开始重视心理健康教育服务工作，这为贫困地区认知心理健康提供了一个良好的导向。在义务教育均衡发展的背景下，乡村学校硬件基础不断优化，已经具备开展心理健康教育服务的基础。在研究过程中，课题组发现，X县很多乡村学校的校长已经开始筹划或者配备心理健康相关的硬件设备。比如，在某乡镇中心初中，校长在与爱心企业签订捐赠协议之后，专门腾出房间，准备利用企业的爱心专项资金为学校设置心理健

① 汪立峰：《准确把握新时代实施乡村振兴战略的总体要求》，《光明日报》2018年5月10日。

康辅导室，又制定了购买设备计划，并且专门派两位老师利用寒暑假期间开展专业资质的学习和培训。校长表示：“心理健康教育在我们乡村中学是非常重要的，我们既然已经意识到重要性，就不要等！我是这个乡镇土生土长的，这也是我的母校，我要用我们这一届的努力，把心理健康教育引入正轨。”在感叹这位校长的情怀的同时，我们也为现在国家乡村学校的不断完善感到骄傲。

## 第三节　基于问卷调查的X县心理健康教育问题及现状分析

### 一、X县教育发展状况

X县是一个把民族团结工作作为重中之重的民族自治县，作为革命老区县，具有非常悠久的革命传统。在长征时期，中央红军和红二六军团两次经过此地，他们所遗留下来的红色遗址，再加上后来建造的纪念碑、纪念塔、烈士墓和纪念馆等，一起成为提升群众爱国主义精神和长征精神的教育基地。

X县对基础教育课程改革工作的重视程度逐渐加深，为“扶智”的全面开展奠定了良好的基础。由此涌现出了一批在课改中敢于实践、大胆探索的优秀集体和个人。这不仅使教育信息化的建设取得了新的进展，基本实现了“校校通”，也为教育事业的全面发展创造了条件。同时，民族团结教育成为基础教育课程改革的重要部分，“民族贫困地区中小学教师综合素质培训”也成为中小学教师素质提高工程的重要内容。

随着德育工作的深入贯彻落实，X县初步建立了县、乡、校三级德育工作管理体系，积极推进中小学德育工作分年级实施，进一步突出了德育工作的时效性和针对性。依托县级层面的德育工作管理体系，X 县在省内率先成立了青少年心理健康教育服务中心，尝试打造一个覆盖学校和社会的青少年心理健康教育服务体系，以此来推动青少年心理健康教育服务的发展，为乡村振兴战略的实施提供内生动力，这也是本研究的实践基础。

## 二、基于 X 县的中小学生心理健康状况调研

### （一）调研问卷说明

1. 问卷设置的目标及内容

为深入了解和全面展现贫困地区青少年心理健康现状，课题组编制了《青少年心理健康现状调查问卷》，问卷含四个维度（自我评价、烦恼来源、成长目标、对外界期望），共 20 个题项（其中，第 1、2、3 题为基本资料；第 4—20 题为题项）。

2. 问卷调研的几个方面

（1）研究对象

研究面向全县中小学生，抽取县城学校、城乡接合部小学、乡村学校三个层面的部分高二年级、初中阶段八年级及小学阶段五、六年级学生为研究对象。根据随机抽样原则，从 7 所学校随机抽取 18 个班的部分学生，通过直接到学校发放问卷的形式进行调查，以班级为单位集体施测，统一指导语，在班主任老师的协助下开展，测试时间为 20 分钟，并当场收回问卷。共发放问卷 370 份，回收问卷 345 份，得到有效问卷 295 份。

（2）研究方法

采用问卷调查法，主要了解青少年的自我评价、烦恼来源、成长目标、对

外界期望等方面的内容。同时对部分对象进行深入访谈，挖掘隐藏在青少年内心更深层次的心理需求，使本研究既有定量的研究，又有定性的分析，研究的结论更具效度。

### (二) 问卷结果的典型特征分析

1. 自我评价相对客观

对于"近一个月来的学习和生活状况"的回答，如图 2－1 所示，45％的学生回答每天很开心，充满活力；37％的学生选择一般般，每天都差不多；11％的学生选择说不清楚；选择经常会心情很糟的学生仅占 7％ 。

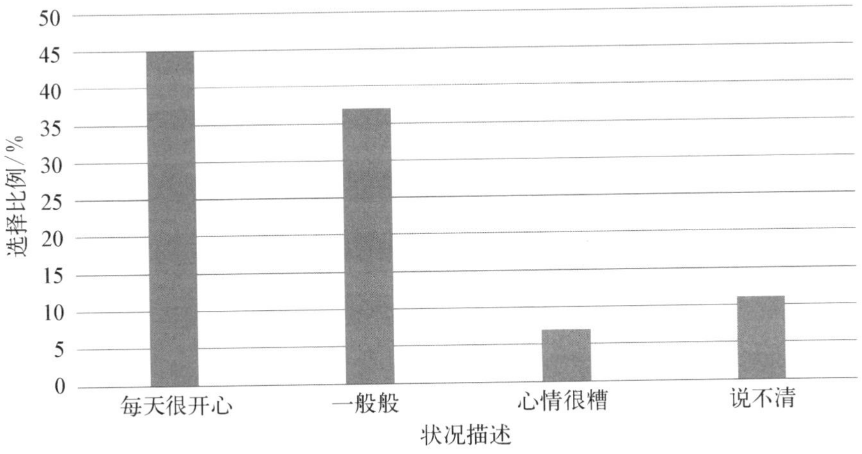


**图 2－1　近一个月学习生活状况**

结果显示，大部分学生能够合理调控自己的行为，并安排好自己的学习生活，基本具有调适心理情绪以保持健康心态的能力。需要重点关注的是部分对自己的学习生活体验不敏感的学生，通过施以恰当的辅导，让他们的心态向积极健康的方向转变，减少负面情绪产生的可能；不能忽视 7％心情很糟的学生，他们可能受到重大情绪问题困扰或心理情绪调控能力不足的影响。青少年心理健康教育应面向全体学生，把发展性问题作为心理健康教育服务工作的重点。针对“自己是不是一个让别人喜欢的人”的回答，如图 2－2 所示，49％的学生认为是，30％的学生选择不在乎，21％的学生选择不是。调查显示持积极评价态度的学生并不占绝大多数，这说明对自我认知教育引导的工作还需要进一步加强。

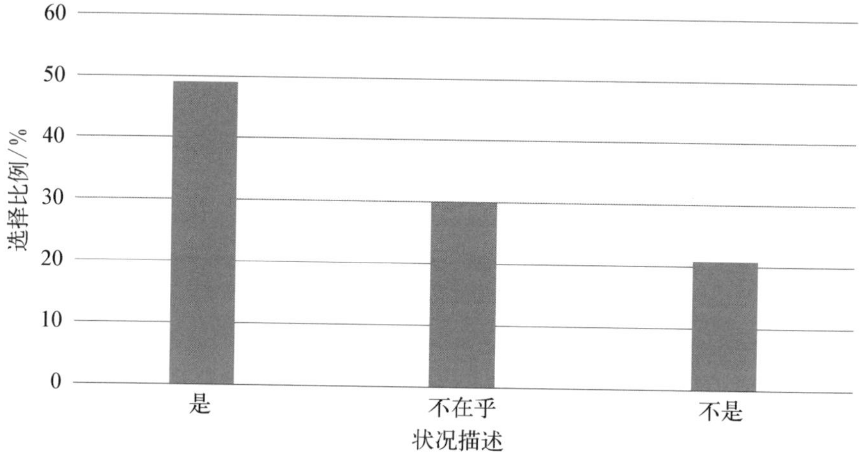


**图 2－2　自己是不是别人喜欢的人**

对于“在和同学交往过程中，你认为同学最看重自己什么”的回答，如图 2－3 所示，56.9％的学生认为是性格爱好，18.7％的学生认为是学习成绩，11.5％的学生认为是能力水平，5.4％的学生认为是有体育或者文艺特长，4.1％的学生认为是外貌长相，3.4％的学生认为是家庭情况。由此可知，绝大多数学生认为交往中性格爱好是受欢迎的重要因素。结合访谈的结果得知，受访者认为在交往中自己需要多多具备幽默风趣、平易近人、做事认真等优秀的性格品质。

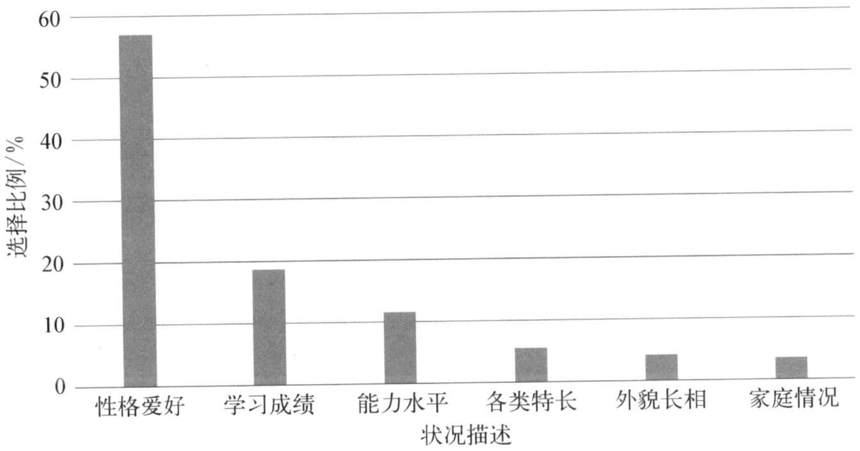


**图 2－3　交往中同学最看重自己什么**

当被问及“用一句话形容自己”时，有的学生非常自信，对自己评价很高，认为自己开朗活泼，积极乐观，能够充分理解父母，体会父母的辛苦。有的学生对自己的评价较为客观和理性，认为自己虽然性格开朗、帅气、乐观，但是也有沉迷追星、自卑或自大、叛逆和偶尔也会犯懒的缺点。对自己持消极评价的学生主要评价集中在：学习成绩不好、不聪明还懒、内向并且嘴很笨、敏感、自卑、不讨人喜欢等。许多学者把青春期喻为人生的“暴风骤雨时期”，处于青春期的学生自我评价相对客观，但也会存在性格不稳定和情绪多变等问题。因此，家长和老师应多关注青少年的言行举止、情绪变化，以防止学生产生严重的心理问题。

综上所述，调研对象能够对自己进行客观的评价，但显示出自我评价整体不高，少数学生存在自我消极或负面评价的情况。由此表明，X 县青少年的心理健康状况虽不容乐观，但存在严重心理问题或亟须调节心理问题的学生并不占多数。

2. 对外界的期望与现实境遇有差距

对于“愿意待在学校还是在家里”的回答，如图 2－4 所示，56.8%的学生选择在学校。结合访谈得知，高中生普遍认为在学校可以静下心来学习；初中生普遍认为在学校不仅可以丰富知识，还可以呼吸新鲜空气，放松心情，与同学、朋友一起探讨在学习和生活上遇到的各种问题。这说明青少年普遍具有强烈的求知欲、愿意学习，也说明朋友对于青少年的成长十分重要。38.4%的学生选择在家里，他们认为家是心灵的港湾，可为自己遮风挡雨，在家里很轻松、很自在，没有太多的作业，还可以玩手机。另外，还有 4.8%的学生说不清楚自己喜欢在家里还是在学校，因为在家里想念学校，在学校想念家里。

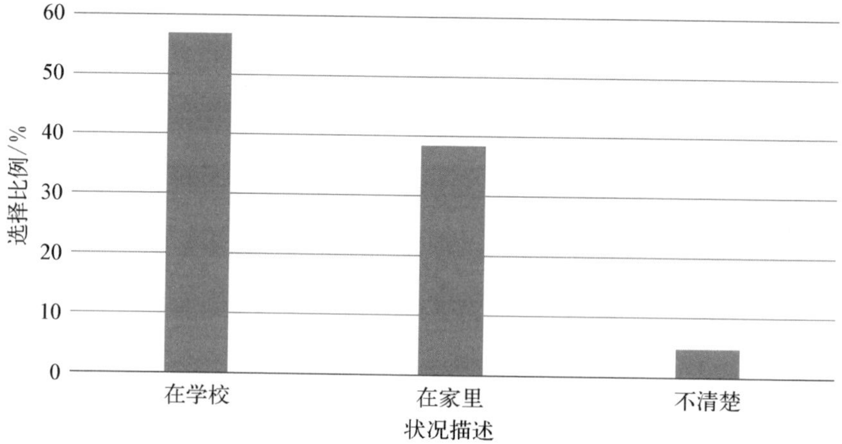


**图 2－4　愿意待在学校还是家里**

对于“最喜欢的身边的人”的回答，如图 2－5 所示，51.2%的学生选择父母，26.8%的学生认为是同学。同时，关于“最看重的人”的回答，如图 2－6 所示，71.5%的学生选父母亲人。统计结果显示，多数人的排序依次是父母、朋友、老师。

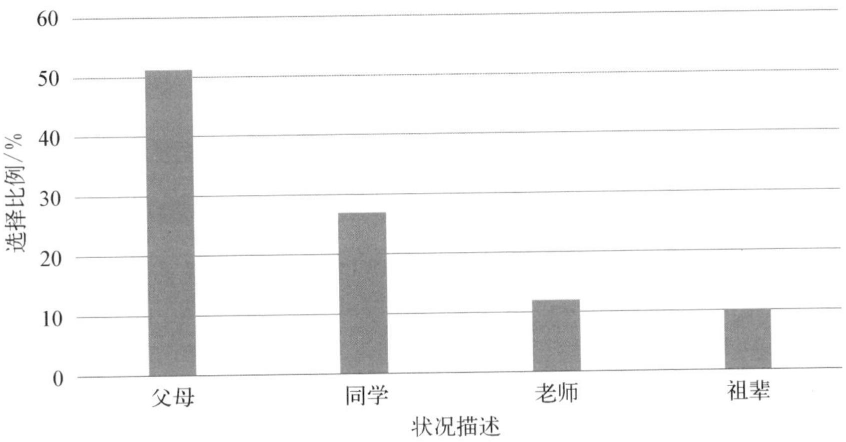


**图 2-5　最喜欢的身边的人**

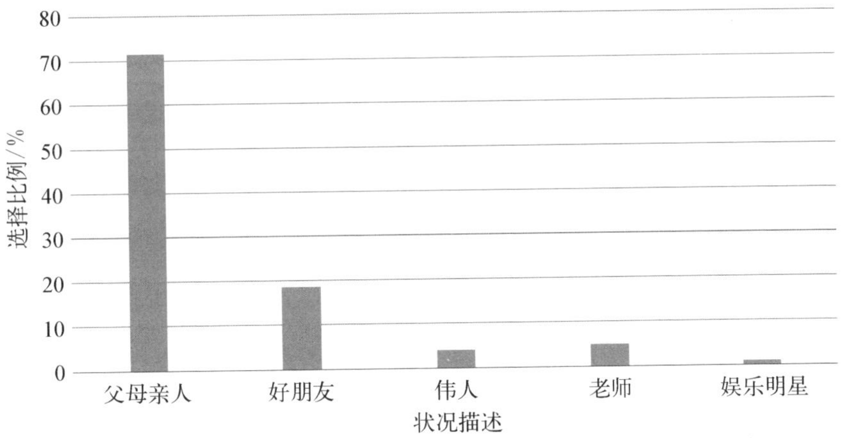


**图 2-6　最看重的人**

结合访谈得知，学生最喜欢父母的原因是：父母养育了自己，是自己最亲、最值得信赖的家人，他们给了自己无私的爱和满满的安全感。选同学朋友的原因是：与好朋友有共同语言，无论是在学习上还是生活上，都可以一起交流，一起学习，互相帮助，相互倾诉，彼此陪伴。选老师的原因是：老师和蔼可亲，愿意把自己的所学倾囊相授。

当被问及“最想和父母说的一句话”时，综合访谈和问卷的各种回答，高中学生一般回答：我会努力不让你们失望；我此生最爱你们，最感谢你们，我一定会努力的；你们是我在这世上最爱的，也是最重要的人；希望能够互相了解。初中生一般回答：你们辛苦了，我会好好学习的；谢谢你们的哺育和教导；我想要自由。小学生想对父母说：爸爸妈妈，你们辛苦了，谢谢你们把我养大；不要让我做我不喜欢的事；等等。这些话语都体现出了无论是高中生、初中生还是小学生都懂得感恩，也希望父母能够尊重自己的意愿，理解自己，渴望自由。

当被问及“最希望父母对自己说的一句话”时，综合访谈和问卷的各种回答，乡镇寄宿制学校小学生：好好学习，天天向上；我爱你；我们会理解你的。县城小学生：孩子加油！争取考上好大学；宝贝，我爱你，你真聪明。县城初中生：你坐着，不用你干事情；去玩吧；你不用担心我们。乡镇初中生：不论你遇到什么困难，我们希望你不要放弃；你长大了，已经不用我们操心了，希望你能好好学习；我们一直相信你。高中生：你想做什么就勇敢去做吧；想要多少钱，尽管说；你开心就好……这些回答显示出青少年渴望被关注、被激励、被理解，同时需要一定的自由。

对于“成长过程中，你最希望得到什么样的帮助”的回答，如图 2－7 所示，29％的学生选择父母呵护，25％的学生选择增加知识，18％的学生选择朋友陪伴，13％的学生选择外界帮助，10％的学生选择老师支持，5％的学生选择不为经济担忧烦恼。

综上所述，结合调研和访谈，在青少年的学习生活中，父母仍然是最重要的支持力量，大多数青少年表达了对父母的理解，对父母心怀感恩；同时希望父母能理解自己，希望能向父母倾诉烦恼，也希望父母能够给自己提供最大的支持，给自己的生活学习较大的自由空间，不要强迫自己做自己不喜欢的事。由此表明，青少年的独立自主意识增强，开始积极思考人生。在当地青少年心理健康教育服务工作中，家长是主力军，孩子有了烦恼愿意向家长倾诉，家长是学生求助的首选对象。因此，我们可以通过提升家长心理健康素养来提升学生的心理健康水平。

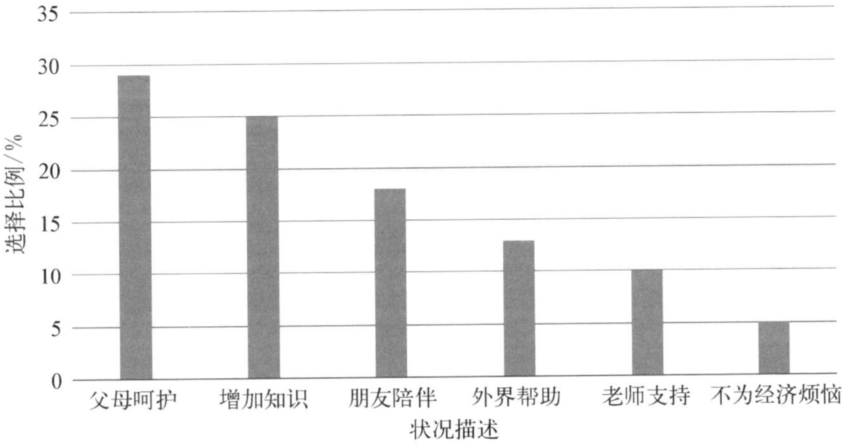


**图 2-7　最希望得到何种帮助**

3. 烦恼来源比较单一，应对乏力

关于“近一个月的烦恼来源”的回答，如图 2-8 所示，43.5%的学生认为是源于自己，31.5%的学生认为源于同学或者朋友，认为源于父母和源于老师一样多(各占 12.5%)。

烦恼源于自己的原因主要是：学习压力大、偏科、成绩持续下滑、做错事情、脾气暴躁、长时间的逆来顺受等。烦恼源于朋友的原因是：性格古怪，与别人相处不好，与朋友发生矛盾等。烦恼源于父母的原因是：与父亲或母亲关系不好，家庭氛围冷漠等。烦恼源于老师的原因是：老师的期望高，自己要强，作业太多或太难等。

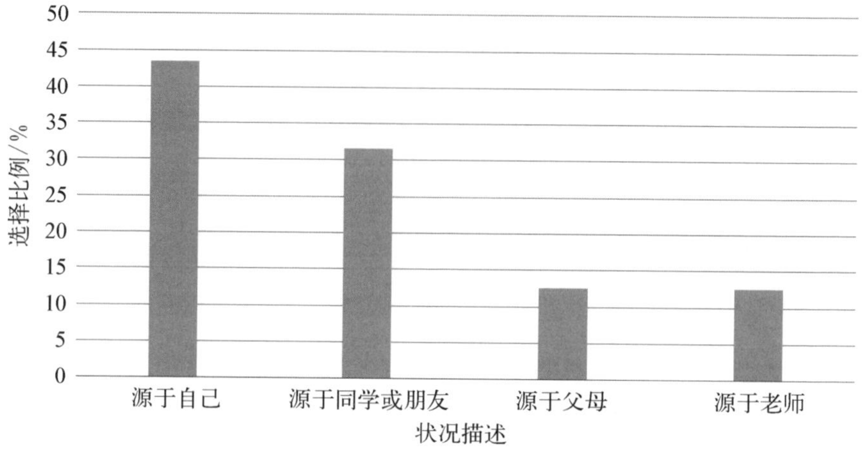


**图 2-8　一个月来的烦恼来源**

对于“面临的最大的烦恼是什么”的回答，如图 2-9 所示，33.8%的学生认为是学习压力大，31.7%的学生认为是人际关系问题，24.7%的学生认为是家长老师不理解自己，9.8%的学生认为是家庭困难让自己有压力。

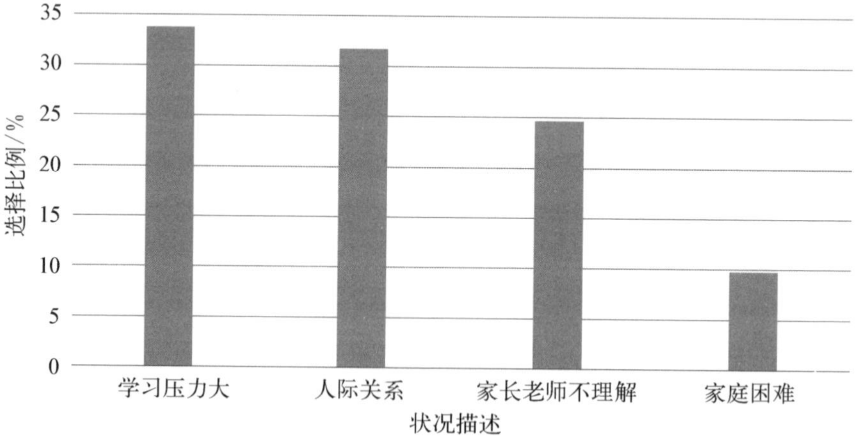


**图 2-9　面临的最大的烦恼**

对于“遇到困难，第一时间找谁帮助”的回答，如图 2－10 所示，45％的学生选择自己家人（其中 28％明确表示是父母），30.5％的学生选择同学或者朋友，12.6％的学生选择自己解决，11.9％的学生选择老师。

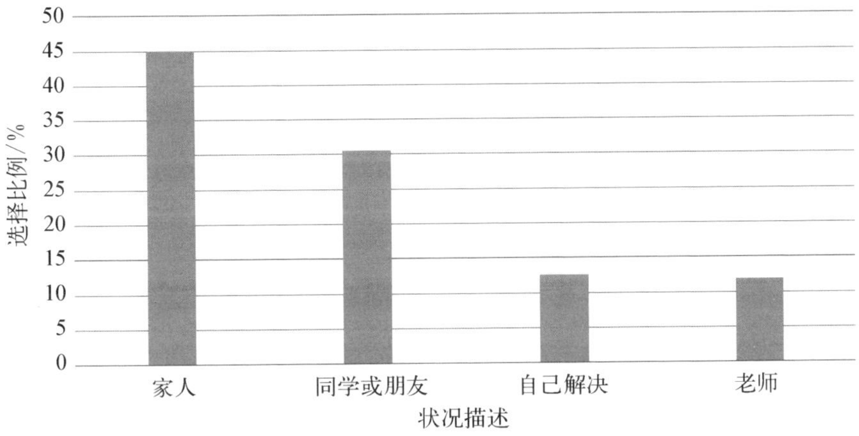


**图 2－10　遇到困难的求助对象**

关于“心情不好的时候，你会怎么做的”问题的回答，如图 2－11 所示，53.9％的学生选择安静自己调整，反映出其自主意识较强。同时，还存在着不愿意向他人表露自己的问题的情形，而这种情形如果处理不好，容易形成闭锁心理，引发心理问题，有碍身心的健康发展。42.7％的学生选择向信任的人倾诉烦恼，说明很多青少年能够主动寻求合理的方法与途径来调节情绪，但青少年的求助途径单一，缺乏专业人员和机构的支持。访谈中，有的同学会采用积极的方式来纾解情绪，如有的小学生表示会到公园里散散心，有的高中生表示会采用吃东西、睡觉、听歌、跑步、记日记或大哭一场等方式来转移注意力。而有的则会采取消极的方式来疏解情绪，3.4％的学生选择向别人发火、打架、积攒情绪到一定程度后崩溃大哭等。

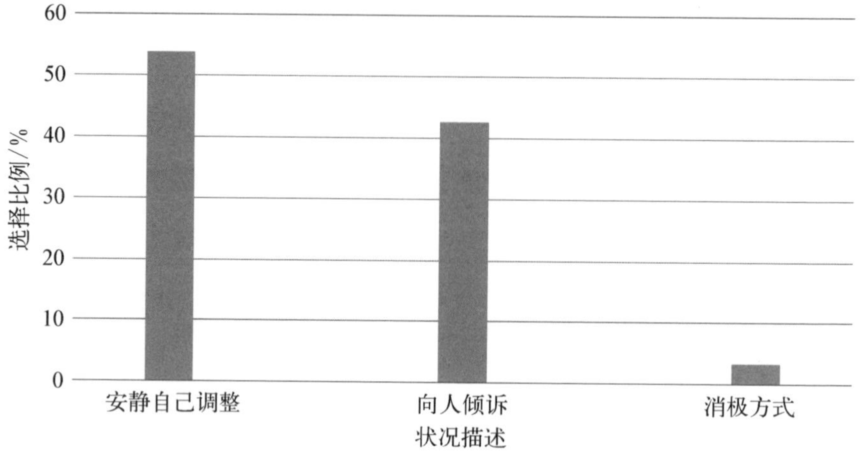


**图 2－11　排解烦恼的方式**

当被问及“你最担忧会发生的事情是什么”时，学生的回答有：成绩不理想，考不上心仪的大学；不能在学校读书；爸妈之间关系不愉快；自己的理想落空；亲人分离；成绩一落千丈；父母身体不好；朋友关系紧张；失去自己最信任的人；等等。

综上所述，调研和访谈结果表明，被测的大部分青少年能有效地控制自己的行为，积极寻求合理的方式来纾解自己的情绪。处于青春期的中小学生由于身体变化进而引发的心理问题看似不太严重，在成人看来貌似“为赋新词强说愁”，然而实际情势却不容乐观。调研反映出中小学生烦恼来源比较单一，遇到问题求助途径有限（近一半的学生靠自己解决，约一半的学生靠父母、同学或朋友等支持）。有问题求助老师的学生也不多，若放任不管，很多发展性问题可能会衍化成严重的问题，影响学生的身心健康，甚至影响学业，阻碍学生的可持续发展。

4. 成长目标较为明确，但支持动力不足

当被问及“你觉得最重要的事是什么”时，如图 2－12 所示，68.4%的被调查对象认为考上大学很重要，说明大部分青少年对成长的目标比较明确，已经具备了职业规划的初步意识。12.5%的学生选择长大挣很多钱，4.2%的学生选择远离家乡到外面闯荡，表明贫困地区落后的经济状况对学生心理产生了一定的影响。9.8%的学生回答只要自己开心，别的无所谓，这表明有些青少年开始关注自己的内心世界，然而对外部世界却缺乏积极的思考。5.1%的学生认为让朋友开心很重要，说明少部分青少年开始关注身边的重要他人。

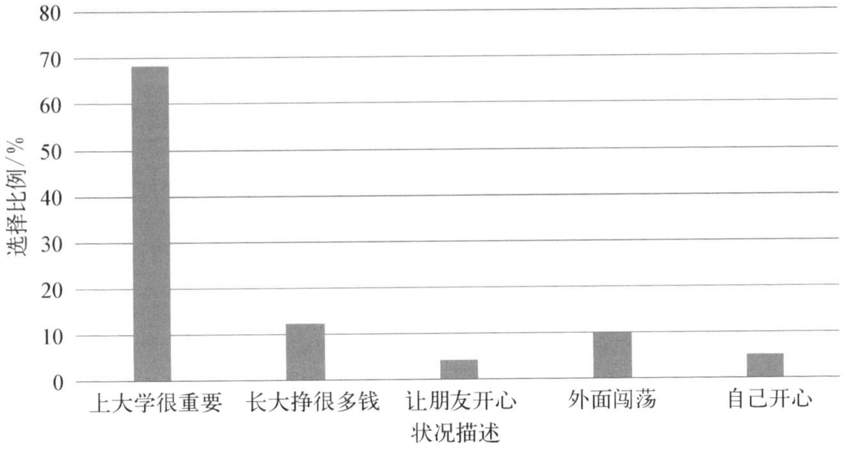


**图 2－12　觉得最重要的事**

当被问及“想成为一个什么样的人”时，部分学生理想较具体明晰：如成为医生、明星、画家、教师、发明家、科学家、宇航员、军人、3D 动漫人物、剧情设计者、金三角缉毒警等。有的学生对理想的回答较抽象：如想成为伟人，对社会有用的、诚实守信、讲文明的、有爱心的人；有的学生想成为谦虚、有宽容心的人；有的学生想成为幸福快乐、大方开朗、没有心计、乐于助人、没有太多压力的人；还有的学生想成为为祖国做贡献、有理想、全面发展的人等。

据统计和访谈得知，大部分被测青少年已初步具备生涯规划的早期意识，对未来职业选择较为具体，然而仍有一些学生的理想较为完美化或抽象化，这表明对学生的生涯规划及发展性指导教育仍是贫困地区心理健康教育服务的重点之一。

综合观测X县青少年的心理健康现状，其整体上呈现出“发展性问题突出、严重性问题典型”的特点，说明心理健康教育工作的方向应该面向全体学生，以发展性、预防性教育为重点，辅之以干预性工作。由身心变化引发各种烦恼是青少年成长的特性，如果问题及时得到解决，可助其轻装前行；反之，则可能阻碍其健康成长。在成长过程中，学生们能够表达对长辈的爱，心怀感恩，把学业摆在首要位置，对于理想有初步的规划，具有初步的职业生涯规划意识；虽然对自己整体评价不高，但是依然能够积极寻求解决之道，这也体现出学生的求助渠道单一，且缺乏专业人员及专业机构的帮助……总体来看，青少年的心理健康教育服务工作还有很长的一段路要走，需由社会、学校、家长三方携手共同推进。

## 三、贫困地区中小学教师心理健康及教育水平调研

### （一）贫困地区教师心理健康素质和心理健康现状

此调研面向的群体是X县中小学班主任、团队辅导员、心理健康专兼职教师和部分学科教师，采用问卷和访谈相结合的方式，主要了解教师的心理健康、职业态度、自身发展等方面的状况。

1. 职业态度

由图 2－13 可以看出，受访教师中有 90％的教师对自己的职业充满热爱，普遍认为教师职业虽辛苦，但也是幸福快乐的，能够成为一名教书育人的教师是光荣和自豪的。结合访谈了解到：教师是一个可以持续不断学习、工作且相对自由度高、工作单纯、充实、生活规律、假期长的职业；教师职业也是需要爱心、耐心和信心浇灌的工程，具有耐磨性和长期性的职业特点；同时，教师的工作虽然与生活存在冲突，但也正因为其挑战性和成就感增加了教师生活的趣味性，减轻了课业太多、工作辛苦所带来的压力。

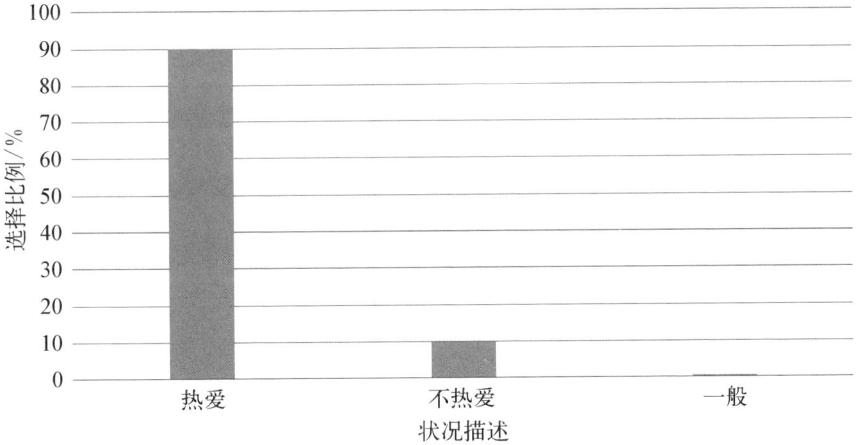


**图 2－13　对教师职业的态度**

大多数教师不仅能够得到家人、朋友的支持和家长的理解，也能够积极地悦纳自己。访谈中有教师表示："当了老师，不光是对学生的教育，对自己孩子的教育也有实际作用。再加上现在国家对教育越来越重视，我们干着也有光荣感和成就感。说平时生活一点没有冲突是不可能的，但是，只要进入教室，就啥都忘了。"

在调研中，也有近 10％的受访者表现出了对职业的消极态度。结合访谈得知，消极态度主要体现在两个方面：第一，教师职业虽然是光荣的、值得尊敬的，但是，从现实层面来看，教师的社会资源整合能力有限；第二，社会对教育和教师的期望过高，导致教师在面对社会舆论的时候压力过大，“只要学校或者学生出现问题，哪怕不是教师的责任，最后还是要教师来承担”。

此外，知识和认知水平的局限使很多农村父母认为，把孩子交给老师和学校，自己的任务就完成了，而把孩子管理好和教育好的任务就全部落在老师身上。有老师无奈讲述：“举个简单的例子，乡村学校的家长普遍认为家长会是那些城里人的常态，而他们在外务工赶不回来，就算去了家长会也听不懂。他们把孩子送到学校，就是希望所有的事情都让老师看着管，就算孩子生病去医院了也让老师看着办，所以这让我们也不知该怎么办。”这种现象除了与乡村经济状况有关，也与农村家长教育理念和教育方式有关。

2. 情绪问题

由图 2－14 可知，经常出现情绪波动的教师占 68％，偶尔出现情绪波动的教师占 31.7％，很少出现情绪波动的教师仅占 0.3％。

综合访谈结果，教师情绪波动主要源于工作和生活两个方面。当遇到学生学习习惯差、成绩提升有难度、违纪行为增多、教学成果没有达到预定目标等情况时，教师会产生挫败感，直接影响情绪。有老师表示：“影响情绪的事情太多了，学生咋教也听不懂，你说急不急！课堂上还不好好听讲，最后成绩不行，你说你急不急！学生不听话，违反纪律，不管不行，管深了也不行！成绩上不去，家长找老师；管得重了，家长还是要找老师！你说气不气！”

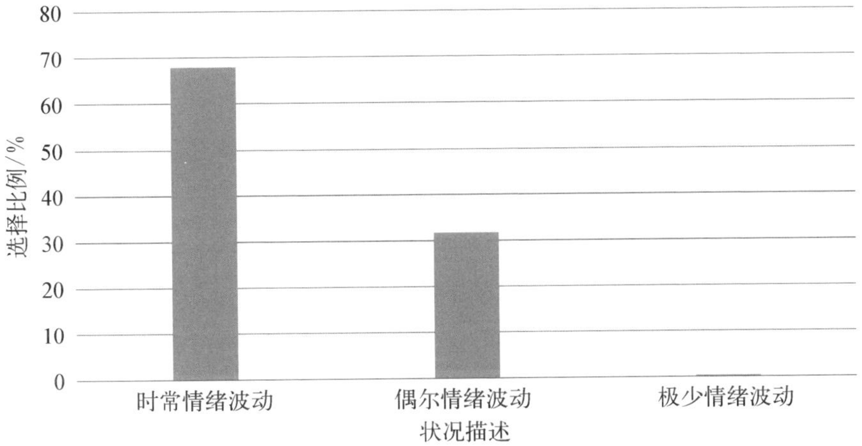


**图 2－14　教师情绪状况**

图 2－15 表明，教师认为自身工作与家庭关系有冲突的占 62.3%，没有冲突的占 37.4%，有微小冲突的仅占 0.3%。

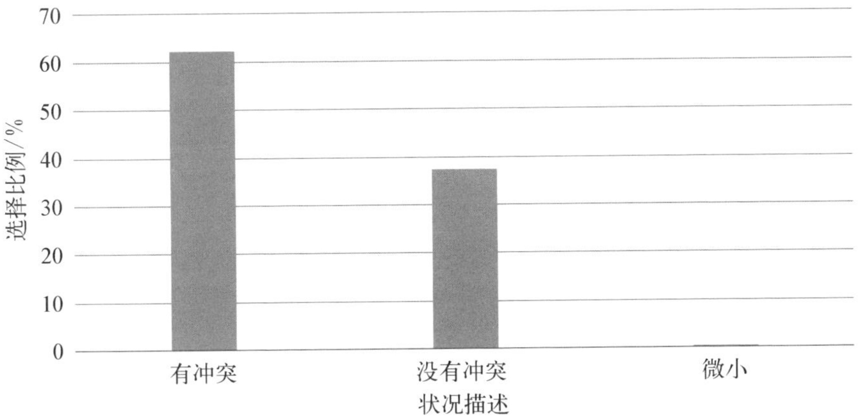


**图 2－15　教师工作与家庭的关系**

教师在承担职业任务的同时，也要承担家庭责任，很多乡村教师表示，在学校忙碌一天之后，回到家里，碰到家庭的琐碎事情，很难用平静的心情来面对。其实，教师在从事教育工作的同时，还要兼顾家在农村的亲人及其从事的农业劳动等，这是乡村教师的典型特点。尤其是一些从教时间较长的中老年教师，他们的从教经验虽然丰富，但对专业技能的掌握和新的教育方法的使用缺乏相关实践经验，加之职业倦怠的心理，在应对青少年层出不穷的新的成长问题和思想行为方面略显吃力，对教育质量有一定影响。

3. 社会关注

对于社会对教师的期望，大部分教师表示社会评价对自己的影响很大。很多受访者表示，虽然当前国家和社会对教育的重视程度越来越高，对教师职业的尊重和重视程度也在不断提升，但同时也对教师抱有过高期望和要求，这在某些方面会令他们产生压力。

图 2－16 表明，对于比较关注的现实问题，广大乡村教师关注经济待遇的占 61.6％，关注社会地位的占 17.1％，关注自我实现、幸福感、学生发展等其他方面的占 21.3％。

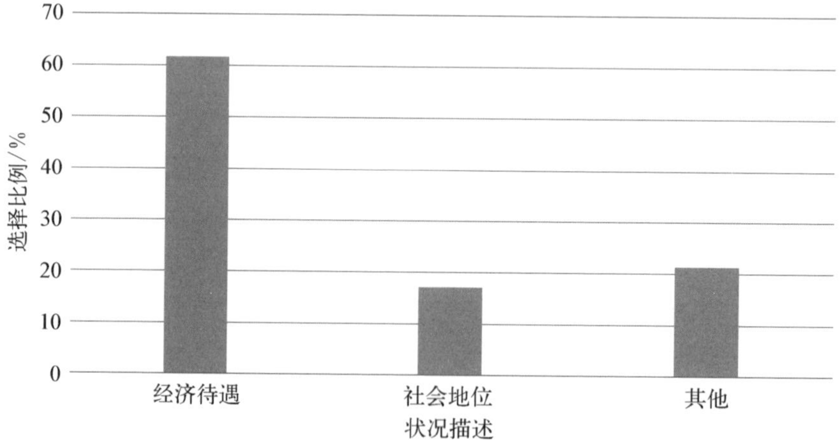


**图 2－16　乡村教师社会关注点**

从X县的实际情况来看，教师待遇近些年有明显提升，尤其是边远地区的教师待遇相对较高，这也是X县从实际出发对教师待遇政策的调整。该地区属于山区集中县，从县城到边远乡镇再到乡村，教师的待遇呈阶梯式增长，有利于教师队伍的稳定。

在访谈中，有受访教师表示，培养人是最操心的工作，他们希望得到社会的认可和宽容的对待，不希望听到别人用刻薄的话语来形容教师；当下教师待遇已经得到保障，更希望得到的是越来越人性化的管理，希望社会对教师多一些包容，不让教育被功利化和世俗化污染。

部分教师更关注的是如何加强职业修养，维护自身的职业形象。他们认为，各个行业各有特点，包括教师在内的任何职业都会受到社会的评判，确实存在个别教师的不良行为影响教师声誉的情况，进而引发以点概面、以偏概全、抹黑教师、对教师存在误解或偏见的社会现象。因此，每一位教师都需要提高维护职业形象的意识，用心做事、无愧于心、无愧于人。也有部分教师认为，个人可以不在乎外界的评价，但现实中办事确实很难，加上作为知识分子，教师自尊心强、敏感性高，求人帮忙怕被讥笑，怕被人看不起，难免影响个人心态。

随着国家和社会对乡村教师队伍发展和成长的重视，各种政策不仅保证了教师的权益，也吸引了更多的优秀人才加入乡村教师队伍。受访教师希望通过工作成就、培养出人才以取得社会的认可和家庭、朋友的支持；也希望学校领导有担当，能够维护教师合法利益和创造能够取得教育教学成就的条件和氛围；希望学校开设一些有关心理健康知识和有效沟通方式的培训，有利于教师的教育教学工作和生活，减轻教师、学生的心理压力，纾解教师、学生的不良情绪，有效处理好职业关系、师生关系和家校关系。

4. 职业发展

图 2－17 显示，乡村教师有意愿参加不同的专业进修和培训的比率达 94.3％，无意愿参加专业进修和培训的占 5.3％，持可有可无态度的占 0.4％。

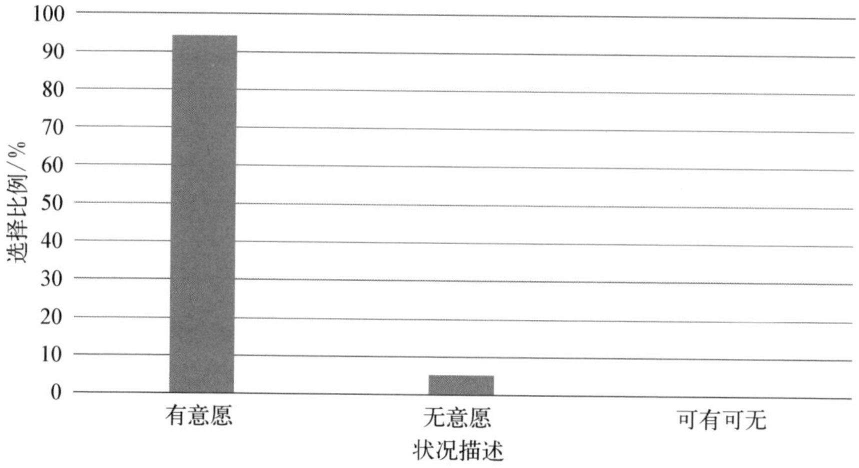


**图 2－17　教师参加进修培训意愿**

大部分教师担心自身知识储备和专业水平更新不足，外出学习研修机会少、提升机会少，导致教育教学方法适应不了当前的教学。在访谈中，有教师表示，专业发展可以促进职业生涯走向成功，随着社会的发展进步，对教师专业的要求会越来越高，如果没有相应的专业素养，想做得好几乎是不可能的，只有不断提升自身专业素养，才能更好地传授知识。也有教师表示，教师只有自身强大才不会落后于人，教师的教学水平，在很大程度上会影响学生成绩，只有专业水平过硬，肯付出努力才能更好地做好工作，“汗水＋方法”才能出好的效果。

对于培训的方向和内容方面的需求，大部分受访教师表示，首先是必要的心理健康教育培训，其次是职业生涯规划培训和信息技术能力方面的培训，再次是学科技巧的培训和各类管理能力的培训等。还有部分教师表示，学生有心理问题，教师也会出现心理问题，不仅要对学生进行心理疏导，还需要对教师进行有效的心理疏导，帮助教师减轻心理压力，更重要的是提升教师自身心理抗压能力；心理健康的培训要更注重实效性，要突出操作性强的方式方法。教师们普遍认为，只有加强对教师自身心理健康的训练和对学生心理健康教育方法的传授，才能有效地提升育人效果。

5. 家校互动

在访谈过程中，很多教师表示，在乡村开展教育教学工作，最难的就是家庭教育跟不上，家校沟通困难。学校向家长反映孩子的问题，很多家长不重视或者不配合；家长对教师工作不够理解和支持，给教师开展工作带来压力。面对问题学生，很多教师表示纠结和无奈：从自身教师职责角度出发，不进行教育管理不符合职业要求，但教育管理的限度很难把握。管理过严，容易引起家长误解和孩子的抵触；管理过松，达不到教育孩子的目的。有位教师在访谈中直言：

“不要觉得都是山里的孩子，应该是能够吃苦的，其实，现在孩子的抗挫折能力差可不分城里还是山里，我们稍微深说一点，要么就哭天抢地，要么就寻死觅活的！再说明白一点，无论是城里孩子还是乡下孩子，都是爹妈心里的宝贝，对孩子的娇宠都是一样的，有的爹妈长期在外打工，出于补偿孩子的目的，宠孩子宠得厉害，孩子要啥给啥，说啥听啥。我们这些老师掌握的心理健康指导知识也有限，要是再碰到家长不断干涉，那真的太难了！”

对于家长外出务工，孩子留守家乡上学的现象，访谈中很多老师也多有提及。普遍的感受是：家长外出打工，就相当于把孩子直接丢给了学校，对孩子的生活、学习及心理状况关心不够；如果孩子出现问题，他们根本不能及时处理和协助，将责任推给学校，还可能会导致进一步的误解或者纠纷。在访谈中，许多老师提到了与家长沟通会遇到的困难：

"我们班一个孩子逃学，我就联系家长，家长不耐烦不配合，说'我忙着呢，等我打电话问问再说'，这样敷衍，你说我们咋办？还有，现在手机这么普及，青少年玩手机是一个大问题啊，学校不让孩子带手机，家长不能理解！我们班学生带着手机，我就给收了拿给家长，人家转手又还给孩子了。有个孩子说，'老师，我妈都不管我，你也别管了'，听到这些话，我真的很迷茫、很困惑。"

"好像在家长心里，自己家的孩子永远是对的，我们学校有个老师，管学生的时候学生愤怒了，开始骂老师。老师和家长联系，家长说'我孩子在家不是这个样子，是不是被谁影响的'，那意思还是我们教师没有教育好！其实，我们真的需要和家长进行深入沟通，但这在乡村真的是有难度的，要么就是约了家长他不来，要么就是来了心里充满戒备，老师说句什么都要解释开脱。我们想平静地共同讨论一下孩子的教育，真的很难！另外，最重要的是，心理健康教育在很多农村家长看来，根本称不上一件事，如果你和他们说孩子有些心理问题需要关注，他们第一时间和你翻脸。在他们看来，上学就是学习，其他都没关系！唉，家长文化水平低、过于宠溺孩子、对教师心存戒备之心、爱子心切与教师管理冲突，这是我们遇到的现实情况，也是一个要走好长一段路才能解决的问题啊！"

“现在留守儿童的问题，我们观察下来，不光是简单的父母不在身边管教和情感的问题，更重要的是溺爱！很多打工家长觉得亏欠孩子，孩子要啥给啥，想干啥干啥！你说这个问题这种溺爱，对孩子的成长有多大的害处啊！可能城里的溺爱还没有这样的，城里最多是娇惯，而我觉得这种乡村的溺爱，可能真的会毁了孩子！”

## （二）贫困地区教师心理健康问题主要表现

教师承担着立德树人、教书育人的责任，而教师个体的心理健康是有效履行这个责任的保障。贫困地区教师的心理健康问题表现出特定的特征，更加需要引起重视。

1．个体焦虑因工作阶段和地域表现不同特征

随着社会经济的迅速发展，贫困地区乡村教师面临着巨大的经济压力、发展压力、职业压力等，如果不能有效应对这些压力，极易引发教师个体的心理健康问题，进而影响育人效果。

（1）小学教师的个体焦虑集中在生活与发展方面。第一，贫困地区村镇分布较广，小学教育工作地点分散，个别处于偏远乡镇或山村，经济欠发达，交通不方便，生活相对不便，日常人际网络仅限于学校少数几个人，与外界联系不多，导致信息闭塞；个别地方人员流动较慢，还要面临教学和职业竞争等压力，诸多因素使得部分小学教师产生发展焦虑。第二，在教育新形势下，现代化教学手段的运用、课程结构和内容的改革、社会新鲜事物对学生的冲击等都对教师专业素养和教学能力提出了更高的要求。因此，很多乡村教师会产生本领恐慌情绪，急切需要通过各种方式更新知识、提高学历，进而提高自身素质，为提高教学质量和获取职称晋升做准备。调研中有小

学教师表示：

“随着网络的发展，现在山区的孩子知识面变广了，只有具备扎实的专业知识我们才能有信心教好学生。我们希望能脱岗进修半年以上，努力提高自身素质，与时俱进，这样才可适应教学，毕竟需要学习的东西很多。”

（2）初中教师的个体焦虑主要集中在个人成长方面。第一，相对于小学教育的分散，贫困地区初中教育通常集中在乡镇，所处地理位置相对便利，信息渠道相对广阔，与外界的联系也比较多，但与发达地区相比还是相对落后。第二，随着素质教育的不断推进，贫困地区初中教师更大的压力来自教学和个人发展。教学压力、晋升竞争压力和处于青春期的学生的教育管理对他们提出更高的挑战。一位初中教师谈道：

“我们都知道需要不断学习才能满足社会等各方面的需求，但家里的老人孩子都得应付，每个假期去读函授，都是心里装满了家里的事，上课无法集中精力，又担心考试不过关毕不了业。拿不到毕业证被同事嘲笑也就算了，但自己其实也想多学点知识。”

（3）高中教师的个体焦虑主要集中在个人提升方面。高中教育一般集中在县城，高中教师的个人成长焦虑更多集中在发展自身专业方面，有教师表示：

“希望提高业务能力，到名校去观摩，进行参观学习，这样对专业能力的提升效果会好一些；多出去看看，学习学科和管理方面的知识；掌握教育新动态、教学新方法；多搞网络教育，方便在家学习培训。”

还有教师表示：

“由于高中经常补课，周末也上课，寒、暑假也只放十来天，根本没有时间进行学习提升，几年下来，只会高中的知识，自己都感觉心里发慌。”

2. 社会角色期望和个体职业实践矛盾引发负面体验

教师长期处于相对单纯的世界（长期面对学生），但他们也不得不面对复杂的社会现实，这种反差容易引发焦虑的情绪。有的老师表示：

“社会发展太快，现在的孩子知识面太广，如果不注意自身专业的成长，可能适应不了孩子的需求。”

还有一位高中市级骨干教师说：

“自己每天回到家里除了了解物理题，就是解物理题，其余什么爱好都没有，女儿说：‘妈妈，你也去学学瑜伽，不然退休以后你也去解物理题吗？’有时自己想想都觉得害怕，感觉只能待在学校里，难以融入外面的世界。”

教师要平衡教学工作与家庭的关系，避免产生冲突，引发负面体验。在巨大的教育教学压力下，很多教师反映“因为工作的原因，假期短，缺少陪伴家人的时间，常常忽略了自己的孩子”。有的老师常常感叹“能教好别人的孩子，却没时间教自己的孩子”。调查中，一位资深的高中教师说，“与家人分居两地，无法照顾家庭，感觉很亏欠孩子”。

社会对教师的角色期望过高与教师职业实践的差距导致个体产生了不良体验。调研中很多老师表示，“有时觉得自己很累，老师是人不是神，社会及家长把教师角色完美化，加重了教师的压力”。一位有着 10 年教龄的小学教师说道：

“如果教师的累被大家认可了，我们也就觉得值了，但很多时候，我们努力了，也付出了，换来的不是感谢，而是误解和埋怨，那个时候真的感到很寒心。”

一位有着 25 年教龄的乡村小学教师说道：

“一个男生几次不做作业，中午放学后，我亲自教他做作业，我们俩都没有吃午饭，后来家长不愿意了，直接告到校长那里，根本不允许我解释，直接扣了 0.5 分的量化考核分。”

为满足社会、家长、学校所期待的完美角色形象，教师长期奉献自己，忽视了自身的需要，而教师本身也是平凡人，长期压抑自己，容易产生各种不良情绪。如果欠缺调节情绪的能力，把工作中的不满发泄到学生、家人身上或者长期压抑得不到排解，就会引发相应的身心问题。

3. 综合技能的提升与个体职业发展危机感增强

访谈结果显示，很多教师产生了职业技能和综合管理能力方面的危机感。受访教师普遍表示，“个人专业决定自己的职业，专业技能是安身立命之本，不自我发展必将遭到淘汰”。随着信息技术的快速发展和学生情况的不断更新，新理念、新知识、新技能的需求也引发部分教师的本领恐慌。有教师表示：

“现在的学生管理和以前大不一样，与学生和家长的交流需要掌握更多的新技巧，否则实在达不到有效的教育管理目的。社会在进步，对教师的要求越来越高，自身的知识储备和社会发展比起来有些捉襟见肘，不及时学习充电真的难以跟上时代步伐。”

由于教学压力和人员限制，调研发现贫困地区教师的培训覆盖还有很大的提升空间。在职业发展和级别晋升的压力下，参加相关技能培训提升素养是必须的，而教育部门提供的培训机会覆盖面有限，有教师表示：

“培训是有的，但大范围的不多，更多是少数几个骨干教师、学科带头人能够参加，无形中对更多的普通教师的上升空间设置了限制，使得普通教师越来越着急，压力越来越大。”

# 第三章 生存世界：贫困地区青少年心理健康问题类型及体现

## 第一节 社会境遇引发不同心理体验

由于贫困地区青少年的生活成长环境一直伴随着经济压力，很容易出现不同的心理问题。比如来自以色列特拉维夫大学等机构的研究者针对70例高中生自杀身亡个案展开了心理解剖研究，其中提到改善社会经济地位及强化社会支持或有助于预防自杀。

### 一、过早进入社会产生融入困境

外出打工的辍学青少年由于年纪尚小，知识积累又极为有限，交际、沟通、学习、分析能力及世界观的局限使他们在社会中屡屡受挫，再加上不能或者不愿承担苦脏累的工作，他们的社会化路程举步维艰。

“我从学校出来后，直接到城里想找份工作，工资高一点的工作需要提供相关的培训资格证，我没有证书，只好去做简单的、重体力的工作。我进城是想好好发展做大事的，根本受不了城市里的脏活、累活，只好又回到农村，平时到地里干活，风吹日晒的。由于不懂怎么做好农活，割麦子时，割好的麦子总是乱的，经常要受到父母的责备和村里人的嘲笑。打烟叶时，会打折烟叶，弄得父母非常生气。我现在是既进不了城市也回不了老家。”

——X县一名辍学的青年农民自述

这个群体的青少年屡屡受挫，既融入不了城市，又不能回到乡村，内心往往会承受特殊的压力。这种压力源于对自己过高的期望和现实的冲突，源于思想观念与祖辈的冲突，源于内心的自卑和对外界充满向往的矛盾。他们在努力，却屡屡失望；他们在不断尝试新鲜事物，却不得不面对各种复杂的苦难挫折。长此以往，他们对自我的认知很容易失衡，缺乏必要的安全感和信任感，严重时可能会导致危机形成。

“我初中毕业就在家待着，曾有一段时间到城里去想找个工作，可要么太累，要么企业要求要有技术资格证书。家里亲戚想让我去接受厨师培训，有证书后先到餐馆去打工，积累经验和资金后开一家餐馆。可我看到有的餐馆开起来，很快就黄了，如果我开起一家也黄了，不是又欠了一笔债？我还没成家，到时谁愿意嫁一个欠债的男人。家里人想让我去接受培训拿一张开吊车的证书，好去找个开吊车的工作。我又想，学开车，不如直接去学个小车驾驶，开着小车去做生意，这样多有面子，去联系生意，人家看着也气派，生意一定就会好做了。可家里人却说：‘培训小车，哪有钱来买小车？’他们就是不理解我，我有小车开着，不是就可以做大生意，就能赚到钱了吗？这么简单的事情，可家里人认为我不懂事，真不知道他们是怎么想的。”

——X县一名初中毕业生自述

“我从学校出来后，也到过一些地方打工。我接触的人要么缺乏见识，要么太老实木讷，我根本看不惯他们。后来我觉得要做就做大事情，干大生意。因为没有这样的机会，所以就在家待着，父母家人对我有些意见，可生活是我的，我不用理会他们的想法。”

——X县一名社会青少年自述

导致个体选择不再继续读书外出闯荡的原因有很多，除了个体因素之外，生长环境也是很重要的影响因素。比如，在贫困地区，由于经济相对落后，青少年对“钱”很敏感，认知也较为狭隘。课题组在前期的研究中，曾经对辍学的现象有过分析，一般来讲，寒假和暑假之后辍学现象会出现一个小高峰，这个小高峰的形成和假期中的个体经历是相关的：当某位在外打工的亲戚朋友从外地“衣锦还乡”，他会描述在外打工的生活，当然是报喜不报忧，当谈到在外一个月能挣几千块甚至上万块钱的时候，对还在家中苦读，对钱没有直观概念的青少年个体来说无疑是巨大的诱惑。如果青少年个体面临着有问题的家庭环境，比如家人患病、父母婚姻冲突或者家庭暴力等，家庭和父母在其成长过程中长期缺位，会促使个体出于或者挽救或者逃离的意愿而离开家庭。

“我在学校时，有一段时间也努力学习过，想好好读书，将来能有个好出息。有一次，我在我表姐家遇到一个比我大几岁的青年男人，听他说，他在外面一个月能苦（挣）不少钱，他一个初中毕业生，苦得比他大学毕业的同学还要多。我就想，我即使读到大学，出来工作还不如一个初中生，如果要工资高，还不如现在就去工作。我就问这个男的，我现在可以去做这种工作吗？男青年说完全可以。我就背着父母和这个男的商量好，第二天早上十点钟，我在学校收拾好东西，找个家里奶奶病重的理由向上课的老师请假出来，这个男的在学校门口接我。我出校门就跟着这个男的坐上开往省城的车走了，之后到了一个工地，这男的叫我在工地煮饭。我跟这个男的在一起不久，发现自己肚子越来越大，后来知道自己怀孕了，不敢回家，也不敢联系父母。生完小孩后，我男人也不管我，不知去了哪。跟我同龄的人还没高中毕业。我知道我是被骗了，我真想把那个男的和我自己一起毁了。”

——X县一位辍学外出的年轻母亲自述

上面这则例子就是一个年轻人不能抵抗外面的诱惑轻易辍学导致的悲剧。在青少年时期，朋辈关系也是导致行为选择的重要因素。对青少年来说，很多时候朋友的安慰要比父母的指责来得实在、亲切，他们宁愿选择相信朋友，也不愿意长期处在父母的指责甚至暴力管教之中，这也是他们逃离家庭的重要原因。对于青少年来讲，受到认可是他们最希望的，这一点也与他们的自我认知特征有关，他们希望得到赞扬，甚至可以为了赞扬而表演一些行为，这都有可能引起危机。

不满目前所处的环境导致的逆反和抗拒，充分显示出这个群体不能融入乡土的境遇。家庭关系恶劣的社会青少年，往往由于内心自卑，而滋生出“不服”和抗拒的心态，将听到、看到的大千世界的奢华生活和自己的困窘境地相对比，进一步滋生出反社会的情绪。如果家庭教育和学校教育缺位，就可能会导致危机行为发生。

“我做不了什么，可我能破坏点什么。我不想做废物，犯了错大家就都看不起我，说我脏，说我是垃圾，我也不想成为肮脏的人！深夜无人时，我最不能接受的就是公园卫生设施、街道垃圾设施，那些东西好像和我一样，大家都把我当垃圾，当人渣，我不想像垃圾一样，我就是要破坏它们。”

——X县一名不断毁坏公共设施的社会青少年自述

如果在错误行为或者危机行为发生的过程中得不到正面有效的引导和支持，甚至收获的是负面的反馈，这些青少年的行为可能会向更进一步的危机方向发展。

“我在学校读书时，有一次和同学玩闹，有个同学在听到老师阻止后骂了老师一句。老师叫我留下，没有问明情况，就误认为一定是我骂的他。他狠狠地骂了我，我非常伤心，以致后来一到学校就非常委屈，慢慢变得不爱跟同学玩，也不能专心学习。从学校出来后，什么都懒得做，整天睡觉。”

——X县一名社会青少年自述

青少年处于敏感的自我认知期，如果没有有效纾解外界的刺激，他们就极易产生自我贬低、过度内疚的消极情绪。他们会沉浸在自我反省中，情绪低落，对大多数活动失去兴趣，严重时连饮食与个人卫生都不顾，进而产生畏缩、消极、过分依赖和焦虑的负面心态，使他们心力交瘁。

## 二、生存技能挑战带来发展恐慌

社会青少年因缺乏必要的生涯规划，没有明确的目标或者有过目标但无实现的可能，又或者目标过高等都会导致动力不足，促使学业失败，进一步导致适应社会困难。由于缺乏工作经验、学历低，社会青少年往往很难找到有技能要求、薪酬高的工作，而那些重体力、简单、重复甚至有危险性的低收入工作又会让他们产生对未来的迷茫，在没有进一步外界激励的情况下，就会出现走一步算一步的“挨日子”的现象。

尽管目前的政策鼓励农业发展，取消农业税并且有政府补贴，但很多青年农民还是难以将自己的心放在传统农业生产上。高强度且枯燥乏味的体力劳动，长势良好的农作物甚至即将收获的耕作成果有时可能因为一场冰雹、洪水或者干旱而毁于一旦，辛苦的劳作却只能换来微薄的收入，这类情况使得很多青年人认为在农村生活、劳动的前途渺茫。而在面对外出打工的复杂情况时，青年人又会出现本领恐慌，产生自卑心理，但又不愿或者不敢面对。他们对家庭的依赖性大，一旦遇到挫折，很容易就会放弃工作，选择回家逃避，这就形成一个反反复复的怪圈，久而久之，就会产生对生活的无力感。

“我曾到城市里找过工作，做过推销，站过超市，在酒店当过服务员，但工资实在低得很，根本没有结余。工资高的工作又要求有这样那样的培训证，我连自己都难养活，哪有钱去参加培训，所以只好回家待着，等有适合的工作再说，谁说得清以后会怎样？”

——X县一名打工回乡的社会青少年自述

进城打工的青少年接受了城市的生活方式，他们想获得城市身份，同时想赢得城市的尊重。他们也在不断尝试，如积极参加相关的技能培训并对培训结果抱有极大期望，而在现实就业中却发现所学技能与自己的期望差距极大；又比如尝试用家人的资助和自己的积蓄创业，但因为知识水平和社会资源的匮乏，导致创业之路坎坷异常……长期下来，他们将要面对的是自己期望的落空、债务和失业的重重压力甚至是来自亲人朋友的埋怨，这一切都可能会将其好不容易激发的斗志磨灭，最终返回旧路。

## 三、人际交往偏差导致社会支持弱化

我们一直强调，良好的亲子关系是个人发展的动力，如果家庭环境恶劣或者家庭教育缺失，很容易引发孩子成长的偏差。个别个体由于家庭支持的缺失使得幼年对关爱的渴望在其成长过程中逐步被压抑到潜意识中，同龄人能正常得到的家庭关爱对他们来说是不可得到的奢侈品，这就会导致他们产生消极和自我贬低的情绪，导致他们进入社会后会无视社会普遍规则，我行我素，缺乏毅力和热情，感受不到安全，很难亲近社会并难以融入主流社会。

“我在读小学、初中时，父母几乎晚上都出去打牌，我回家也见不到他们，有时就和同学去吃夜宵，也会打牌玩，反正父母也不关心我，有时在外面欠钱，回家也不敢跟他们说，有两次跟他们说了在外面借了钱，就挨了一顿暴打，父母和家都没啥意思，还是后面认识的这几个哥们讲义气，够意思。”

——X县一名社会青少年眼中的父母与朋友

经常有家长对孩子说：“有事别瞒着我们。”其实，这句话背后透露出父母和孩子相互不信任甚至是对立的关系。在家庭关系紧张的情况下，如果孩子说了真话让父母担忧和焦虑，极有可能遭受父母的无端指责；如果说了假话，被父母识破后又是一顿暴打。这就会使得孩子认为：无论怎么做，面对的都会是一场暴风骤雨，会陷入一场无休无止的家庭冲突和纠缠中。因此，这个时候，孩子宁愿相信自己的同学、朋友，因为这些同学和朋友（有的还是父母口中的“坏孩子”）能给予孩子起码的尊重。家庭结构和父母教育对孩子成长的重要意义毋庸多言，身为父母却承担不了相应的责任，不良亲子关系是导致孩子不愿相信亲人，而选择“朋友”的重要原因。因此，父母掌握一些心理健康教育常识非常重要。

在亲子关系中，母亲是子女成长最稳固的教导者，没有母亲无微不至的关爱，没有母亲的教导和指点，就可能导致孩子将来对人、对环境产生恐惧和退缩心理，充满不信任，行为易伴有攻击性，情感易陷于忧郁、沮丧、悲观和苦闷。缺乏母亲的激励与欣赏，孩子会感到无价值感，对生活缺乏热情，消沉、自卑、冷酷、怀疑和仇视。父亲教会孩子分离，教会他们控制冲动，学习规则和规范，避免情绪化处理问题。父亲传递给孩子自信和自制，对寻找友谊、获取学业成功和事业成功具有引导和示范意义。父亲是孩子安全感的来源和勇敢、坚强、博大等品质的学习榜样。如果父亲和子女关系不良，那么久而久之可能会导致子女缺乏遵守必要的社会规则和规范的行为自觉，亲社会行为得不到强化，人际交往过程中也就可能会出现退缩、害怕被拒绝的情况，并且极易出现对抗和破坏行为。

“我上小学时父母在外做生意，我也跟着在外地上学，上初中时，父母把我留在这里上学，我平常周末回不了家，就到亲戚家去，父母为了方便，就买了个手机给我，我慢慢迷上色情网站，有两次被亲戚发现告诉父母，父母觉得在现在这个很正常，没什么。有个老师跟我父母聊到教养方式，让我父母限制我玩手机，并规定我只能看哪些内容，过后我父亲告诉我，他认为这个老师自己才有问题。色情网站对我诱惑很大，后来我就不想上学了，到娱乐场所后认识我现在的这几个弟兄。”

——X县一名混迹在娱乐场所的社会青少年自述来场所的原因

父母对孩子成长问题的轻视很容易诱发青少年的心理、行为危机，上述就是一个典型的案例。

“我在学校时，因常为同学打抱不平，同学有事都来找我。有时我需要钱，父母都会满足我，我是个女孩子，父母对我最基本的要求就是不要被其他人欺负。我有时会跟同学打架，打伤其他同学，父母说只要没伤自己就行。在学校最调皮的男生也会找我，出学校后，我开始接触烟酒毒品，也堕过胎，因犯法被刑拘过。”

——X县一名刑拘社会青少年自述

家长的一味纵容也会导致孩子产生不正确的自我认知，上面这个案例就是因为家长的纵容，使孩子体会到非正常的自我满足感，进而不断发展到令人痛心的地步。

“只要有时间，我就和朋友们在酒吧说说话，喝喝酒，聊聊天，这是我最快乐的时候。我真的不想回家，回家就是各种各样的唠叨。和朋友在一起，他们会安慰我，我喝多了他们也会照顾我，也不会骂我。这么好的朋友，你说他们有事我能不往前冲？谁敢欺负他们，我不要命也要帮他们争口气！这才叫朋友。”

——一名青少年这样界定朋友关系

对于青少年的问题，如果家庭漠视、社会排斥，就会将他们推向消极的“抱团取暖”的境地，在相互用低俗消沉的生活方式来消磨时光的时候，很容易出现群体的趋同行为，引发扰乱社会秩序、偷盗等犯罪行为，并以此作为萎靡不振生活的动力来源和缓解痛苦的渠道。

## 第二节　知识信息掌控能力相对薄弱

由于贫困地区发展的区域性特征，很多青少年对知识信息的掌握能力略显薄弱。随着互联网和信息技术的发展，新媒体不断普及，贫困地区的青少年接触外界的途径越来越多。在新媒体信息快速发展的过程中，很多青少年在短时间内接触到了大量的外界信息，而对于这种短时间内接触的信息，青少年还没有来得及结合当地生活水平和自己的实际情况进行分析，就在强大的模仿能力下，迅速转变成了行为，而这种行为很可能对青少年的成长有不良影响。前面说过，虽然处于贫困地区，但乡镇一级街上的酒吧、茶座之类的聚会场所并不鲜见，常客往往是放学后或者周末三三两两的青少年学生。这些学生在这里聚会交流，甚至喝酒吸烟，发泄情绪。问及其中的学生喜欢在这里的原因，回答往往是“在这里和朋友聚会，有面子，还能放松，是非常好的方式”。

上述是一种简单的行为模仿，这种简单的模仿建立在对知识信息没有完全理解的基础之上，对青少年行为健康成长具有负面效应。

### 一、现实世界与理想生活产生冲突

都说“见识对一个人的成长很重要”，但对大多数贫困地区的孩子来说，增长见识是很难的一件事。很多贫困地区的老人一辈子去过最远的地方就是县城，对于年龄还小的孩子来说也许就是读书的地方，或者就是镇里的集市。

随着农村脱贫攻坚工作的推进，互联网和智能手机已经得到普及，很多孩子周末或者假期要么捧着父母的手机，要么守着电视节目，可以看到不一样的世界：吃饭的时候可以不用筷子而是用刀子，还可以用手抓；头发原来可以不是黑色的，还能染成五颜六色；手指甲原来可以不是肉色的，还能涂成其他颜色；衣服原来破了一点没关系，破在大腿和膝盖上才叫“时尚”……

在分辨能力和世界观没有建立之前，外界多姿多彩的生活对孩子的诱惑无疑是巨大的，在感到陌生或好奇的同时，他们更会向往和模仿，尤其是身边有人已经开始模仿，表现出另类而引发同龄孩子羡慕的时候。

“这些都是我的化妆品，还有我的指甲油。我们班现在我是第二多的，第一多那个他们家就是卖这个的。我平时零花钱基本都买这些了，有时候不够就从生活费里挤点出来，或者是骗我妈他们一下。就觉得好玩，你看电视里面那些漂亮的明星都在化妆，还涂指甲油。我们上课不敢弄，老师凶得很。脚指甲倒是没问题，老师也看不到。下课我们就一个宿舍一起弄，特别是睡觉前，涂好到校园里面遛一圈，但就害怕被‘老班’撞到。”

——X县某中心完小女生在和表姐炫耀自己的化妆品

这只是一个很简单的行为模仿，但这种现象需要警惕。小小年纪就大量接触化妆品，不仅对自身皮肤的伤害比较大，更重要的是同学间会形成不健康的“攀比之风”，还因此去骗家人要钱，这些行为都是需要及时制止的。

高年级还会出现一些因为“模仿”而退学的行为。这个“模仿”更多来自朋辈：听说同伴要退学了，不管什么退学原因都能对他们造成一定的影响。特别是当看到退学外出打工回来的同伴说外面世界的时候，很多孩子也会因此做出错误的选择。

“老师，我想退学，但我又不晓得怎么跟我爸妈开口。他们一直在家附近打工，他们说不想把我和弟弟单独留在家里。他们很辛苦，挣的也没有那些出去的多。我们村去远处打工的基本家里都盖了房子。我成绩也不是很好，人又不聪明，我想我肯定考不上大学的，还不如早点出去打工，帮着家里挣钱。我们村其他两个女孩初中毕业就出去了，在餐厅还有服装店打过工。听他们说也不是很辛苦，就是站的时间有点久。一个月下来还是可以省一千多块钱，过年回来看到她们都很时尚。但我不晓得怎么跟我妈他们说，之前他们就讲过要我们好好学，打工不好打。”

——X县某高中女生向辅导员倾诉自己想退学的苦恼

对外面世界的了解有助于孩子们培养正确的世界观，但贫困地区的孩子很少有这样广泛接触的机会。他们对世界的了解更多来自媒体、书籍、同伴，这些片面的、间接的了解，会让孩子带着滤镜去认识一些“自己感兴趣”的外界事物。我们一直强调，只有“观世界”才能形成世界观，如何让贫困地区的孩子有更多机会去真实、准确、全面地了解和接触更广阔的世界，帮助他们树立正确的世界观，这也是需要考虑的一个问题。

## 二、模糊目标导致学习原动力缺失

“读书——识数——数羊——放羊——挣钱娶媳妇——生娃放羊”的贫困循环，在这里并不仅仅是一个搞笑的段子，而是以不同形式和程度展现出来的令人担忧的现实。贫困地区有很多家长意识不到读书和知识对于一个孩子一辈子的影响。很多家长认为，读书就是为了能识数、识字、算账，如果考不上大学或者考不到一个“铁饭碗”，那不如早早出去打工，省得浪费时间和钱。很多孩子也只是单纯知道学习很重要，但根本不知道学习是为了什么，也就是说很多孩子没有明确的、清晰的学习动力。

“他也不是那种读书的料，管他怎么学，混个毕业证就行。出来跟着我到工地上，教他贴贴瓷砖，一天挣的也不少。工地上有个大学生，搞出纳的，工资还不如我们做个半把月，一天天还受气，被老板呼来唤去。”

——X县某中学男孩父亲这样规划孩子的未来

在学校，会有很多孩子一直觉得是老师“逼着自己在学”，背书的目的是老师要抽查，做作业的目的是老师要检查，孩子们缺乏内在的学习动力，会觉得学习很苦很累。这些孩子一般初中毕业就到社会上谋生，或者读个中专，等年纪大一些再外出打工。

“读书很重要”的意识如果在个体中比较模糊，那么，在学习简单知识的时候会轻松考出成绩，而随着学习压力和强度不断增大，获得优异成绩需要强大动力支撑，孩子会因为对学习重要性的意识模糊，进而缺失动力，成绩平平，整日在“熬”。

“读书苦、读书累、读书还要交学费；大觉根本不够睡，随时想着打瞌睡；现在多少大学生混得还不如打工的；一天到晚都在上课，大好时光都被浪费了；世界那么大，我想去看看；感觉高中人际关系很复杂，没有初中简单；学那么难的东西，有什么用？还杀死那么多脑细胞……”

——X县某高一班级梳理的不想读书的理由

在动力不足的情况下，孩子们一遇到困难想到的就是退缩，同时还要给自己找一个“合理”的理由，这就导致很多孩子在“成群结队”地埋怨教育制度、学校制度。当孩子们更多关注外界的时候，他们就很少有精力来关注自身的发展和能力的提升。所以帮助孩子发现和激发自己的学习动力，更有助于孩子去找寻希望、去拼搏。

## 三、现实经历引发不同情感体验

前文列举的只是这个群体面临的尴尬场景和一些比较典型的案例，实际上，对于这样的年龄群体，在引起足够重视、教育引导端口前移、尽量避免危机事件产生的同时，也要对他们持客观的态度。这个群体未来的生活，并不是一片黯淡，而是充满希望的。

从上学读书到外出打工，这一批青少年虽然没有接受更高的教育，但他们接受了社会实践的洗礼。虽然让他们回乡后继续从事传统农业劳作，无论从心理上还是从技能上已经无法接受，但如果有一个恰当的引导，在防止他们消极退缩或者失范的前提下，他们将会在脱贫攻坚和乡村振兴过程中发挥不可替代的社会作用。在外出务工的过程中，他们开阔了眼界、增强了思维能力，成了"观过世界"的一代。

"当年要是继续读书就好了，我从学校出来后，就跟着父亲到处收粮食做生意，收入倒还可以。但每天不是在开车，就是装袋、装卸粮食，做重体力活。有时被同学老师撞见，会非常不好意思，担心老师同学会看不起我。由于放不下面子，我不想再做下去了，就想到外面找份体面工作，从衣食住行方面都下了一些功夫，装作很有钱，可我看好的工作对文凭、技术资格要求都很高。我一没文凭，二没技术，就只好回来硬着头皮继续做粮食生意。后来我通过不断接触社会，逐步调整心态，从辛勤劳动和诚实经商中感受到做人的尊严。之后又参加了各种培训，不断地调整状态，慢慢知道自己该做什么，对自己的小企业也有了合理的规划，目前，企业发展总体情况良好。”

——X县一位年轻的小企业经营者自述

“我读初中时，经常因为一些鸡毛蒜皮的小事和同学吵架、打架。有时到学校外面的小商店赊账，父亲知道后来到学校，不问青红皂白，直接暴打我一顿。父亲对我是棍棒教育，怕麻烦、怕花钱，索性暴打一顿了事。从学校出来后，我就到城市去打工，吃了很多苦，我也确实明白了很多道理。再后来凑了一些钱，买了一辆二手货车搞运输，后来承包小工程，一有机会就跟懂技术和管理的人学习，现在做的规模还算可以。”

——X县一位小包工头述说自己的经历

“我读书时候，母亲很照顾我，几乎不让我做什么事。现在想想，那时候我任性、依赖性强，基本没有自理能力。后来初中毕业了，就跟父亲到工地上去打工，当时，我就觉得父母没有能耐、家里穷，才会让我出去打工。父亲带着我搞装修，装修又脏又累，做了没几天，我怕别人看不起自己，就想到外地去找路子。我爸认为我啥也不会，也没有技术，坚决反对我草率进城，我妈跟我爸大吵了一场，后来我爸就妥协了。我就去城里找工作，找了几个工作，也或多或少做了，但都觉得不合适，不是太苦，就是太脏，还有就是工资太低。后来静下来想想我爸的看法也是有道理的，就又回到家，继续跟我爸搞装修。这时候我也知道用心观察和学习了，慢慢自己就能承包一些装修小活计，这时候的我吃得了苦也用得了心，也就有做事情的兴奋感和成就感了，现在看下来做得还很不错。”

——X县一位企业小老板的自述

“我小时候很自卑，胆小怕事，性格孤僻。在高中老师的鼓励下，开始做起了小生意，时间长了，接触得多了，慢慢地也就不那么钻牛角尖了，之后又参加了很多培训，确实感觉有了很大的改变，后来就开始尝试做苗木种植，就是想通过勤劳和汗水证明我能干。慢慢地我也不像原来那样感觉别人看不起我。再后来我了解到特色种植有市场前景，就又开始搞特色水果种植。脱贫攻坚的时候政策好，我种了500多亩，在农村开辟出了产业路子，现在事业发展很好。”

——一位事业发展得很好的年轻人这样描述

实际上，在访谈的过程中，我们采访到很多这类群体的代表，他们对自己年轻时的草率行为进行反思，希望摆脱现在的处境，虽然不能够再重返课堂，但他们的坎坷社会经历是宝贵的财富，他们也开始以不断成熟的心态来面对生活中的坎坷。

## 第三节　家庭结构失衡及交流不畅

对留守儿童的关注已经成为社会各界的共识，然而在贫困地区，尤其是广大贫困农村，家庭结构失衡和交流不畅的现象，不仅仅出现在留守儿童身上。从小学、初中、高中学生的问卷调查结果来看，孩子对于父母的认同感，从小学到高中呈现降低趋势。与此同时，从小学到高中，父母对孩子的要求逐渐严格，但是，在有限的交流中，父母常会用唠叨、指责、命令的话语进行交流，逐渐引起孩子的反感。

此外，当问及学生“平时最喜欢的身边人”时，从小学到高中，选择父母的比例越来越少，而选择同学的原因主要是能和同学进行交心交流，而选择父母的主要原因是“他们是我最亲的人”。产生这种现象的原因主要有两个：一是因为孩子逐渐长大，有了独立思考和理性判断的能力；二是因为父母与孩子的交流方式没有跟随孩子的成长发生相应的改变。

在回答“最害怕发生的事”时，很多孩子写下“最担心父母吵架”“最担心父母打自己”“最担心自己让父母生气”之类的回答，说明家庭结构和交流方式具有改善空间。

## 一、家庭环境带来“责任型”压力

在贫困地区有这样一类孩子：他们家境贫困，父母倾尽所有心力艰难地挣钱养家。他们看得到父母的付出，读得懂父母的辛苦，也能够感受得到父母的爱，知道父母拼命挣钱是为了自己。对于他们来讲，脱贫是学习的动力。他们身上大多体现的是“穷人的孩子早当家”，他们懂事、上进、平和、心怀感激。这些孩子虽然物质上相对贫困，内心却相对充实。

“我们家条件不好，土地也少，我们家四个人只有我爸一个人的土地。我记得我们家收成最好的一年是 12 包谷子，要加杂粮才够吃一年。但小时候觉得很幸福，我爸很有耐心，很宠我和我哥，去哪里都会带上我们。我妈还特别会做好吃的，肉皮什么都能做得很香。在我读二年级的时候，我爸和我妈跟着村里的一个亲戚去镇上做活，基本我们才起床他们就要走，晚上有时候要到我们睡了才会回来。他们都是早早起床把早饭做好，吃一些才去做活，这样中午在街上就随便吃一点，剩下的我们中午放学回家热一下就吃。他们是去帮人家上车，重的轻的都要扛，腰经常疼。我和哥哥都知道他们拼命挣钱是为了我们，所以我们从小读书都厉害。去年我哥考上了军校，说这样我爸妈就不用为学费操心了。我将来想考免费师范生，这样我爸妈给我们存的学费就能拿来盖房子，他们早就想盖了。”

——X县一个品学兼优、家境贫困的高二女生在说到家里情况时这样表述

如果生活就这样维持下去，一般情况下，他们的成绩会一直保持平稳。但是有一些孩子就没有那么幸运了，如果他们原本就不轻松的生活出现了一些波折，比如亲人生病或者离世，孩子们原本平和、上进的内心就开始变得“激进”（这里主要指急于进取）起来。大多数孩子的这种“懂事”便成了一个“坏事”，他们怕家里人担心，怕自己在学校的生活开支增加家人的负担，所以他们无一例外地选择“报喜不报忧”，经常挂在嘴边的是“我这都好，学习也还行”。更为巧合的是家人也常常选择“说喜不说忧”：“你好好读书，其他不消（不用）你操心。”

“今天打电话回去，是我妈接的。我问我爸给（是否）有好点，我妈讲好多了，我明明（清清楚楚）听见我爸在房间里咳得很厉害。我知道我妈是怕我担心，影响学习。我妈问我这久（最近）给（是否）好好的，我本来想跟她讲讲自从我爸生病，我学习成绩开始下滑的事，但我什么都没讲，就说了一句好呢（好的）。后来我和我妈就扯了哈（聊了一会）村子里其他的事就挂了。”

——X县一个成绩下降的高一男生对辅导员讲述自己与家人的沟通

但是，这样的“懂事”往往会让孩子的学习期望值不停攀升，他们觉得“唯有自己更好才能对得起家人的辛苦”。这样的结果有时却是“越努力越无力”，导致成绩大幅度下滑。

“老师，我最近成绩一直在掉，第一次月考从50多名掉到了200多名，第二次月考基本没什么进步。今年我爸生病了，病情不容乐观。我很担心，但是又无能为力，只有努力好好读书，逼迫自己每节课听懂每个知识点，抓紧所有课余时间做练习。但成绩不升反而降了，还降那么多。我不敢跟家里讲，我妈他们本来因为我爸的事就已经够累了。”

——X县一个成绩下降的初二男生对辅导员讲述自己学习上的烦恼

这些孩子的“心结”如果不能被及时解开，他们会不断地压缩正常的休息时间来增加学习时间，成绩也可能会不断下降偏离自己的期望，导致他们越来越无力，越来越焦虑。一部分孩子会因为达不到期望目标而选择提前放弃，辍学回家或者打工挣钱，一部分孩子苦苦挣扎考上一个不理想的大学或者与大学失之交臂，还有一部分孩子甚至因为这个“心结”患上严重的心理疾病或者是产生轻生的念头。

## 二、父母角色不当导致负面体验

还有这样一类孩子：有很多朋友但还是觉得孤单，笑得很大声但是觉得自己不快乐，父母给了自己能力范围内最好的但是感觉不到父母的爱……与这些孩子细细聊起来，会发现他们对父母有很多怨恨的情绪。他们怨恨父母不能陪伴自己，怨恨父母不会鼓励认可自己，怨恨父母总是缺席自己的重要场合……

这些怨恨源于孩子对于父母正常的期盼：期盼父母可以陪自己玩一会儿，期盼父母可以认真听自己讲讲心事，期盼父母可以在自己表现好的时候夸夸自己，在失败的时候鼓励一下自己，期盼父母可以抽一些时间来参加自己学校的活动好让自己不要每次都因为大人的不到场被老师点名批评……父母总是一次又一次忽略孩子的感受与需要，或者说他们根本就没有意识到这也是一个需要。

以X县为例，乡村父母大多文化水平相对较低，他们对孩子的教养方式大多延续上一代的模式——“管你吃饱穿暖，其他的就看你的福分”“送到学校读书，成不成才是老师的事”。同时，这部分父母为了生计几乎耗尽了所有的心血，他们辛勤忙碌后所得不多的报酬除了负责日常的生活开支、抚养小孩、赡养老人之外，还要为家里置办一些“村上其他家都有的”东西。前些年最明显的是买辆摩托车，近些年几乎家家都在凑钱盖新房子。这种“你有我也要有”的攀比心理让父母不得不花更多的时间和精力去赚钱，同时越来越忽视孩子成长中的各类心理需求。

“我妈他们就晓得挣钱，好像养我们长大给钱就行。生病了拿钱自己去打针，假期拿钱买个电视机陪着你，来这边（镇上读书）从来没送过我，都是给钱和搭村里其他家车。报到的时候都是和其他人一起，人家做什么都有大人陪，我就像爹妈不在一样。开个家长会也是，经常不来，一讲都是忙，好像其他家父母不用挣钱一样。现在都懒得跟他们讲话，讲了也是白讲。一到过年又是去哪里都要带上我，不想一起去还骂我，说什么‘白养了’，我觉得这就是一个笑话，凭什么你需要我陪我就要陪你。”

——X县某初三女生这样抱怨自己的父母

就因为孩子内心的这些怨恨，让他们看不到父母的付出，更感受不到父母的辛苦。很多孩子也因为内心倾向于怨恨父母，使得他们没时间和精力关注自身的发展，最后导致学习成绩下降，甚至误入歧途。究其原因，无非就是父母对孩子的付出出现了“要的给不了，给的不需要”的矛盾。如果父母和孩子有更为有效的沟通，通过一些可能的、有效的方式满足孩子的需求，结局也许会有很大不同。

在为生存需要而奋斗的时候，物质与金钱是极为现实的话题。在贫困地区，辛劳的父母在田地里、工地上和集市上用汗水换取不多的报酬，同时，他们也在抓住任何一个机会，不遗余力地反复告诉孩子：“我们挣钱很辛苦，我们这么辛苦挣钱都是为了你。”其实，根本不需要这种反复强调，孩子都能够看到父母的付出，他们小小的心灵中满是要回报父母的压力。

“老师，本来我以为我是考不上高中的。我成绩一直不是很好，初三的时候我跟着我们宿舍的一个同学读书，她做什么我就做什么，她什么时候起床睡觉我都跟着她一起，没想到就考上了，还在提高班。我现在就想要是我再努力一点，考上个大学，我爸妈就不用那么辛苦了。他们一直在工地上干活，上周打电话我妈讲我爸最近腰疼得厉害，以前就疼了，现在疼得更厉害了。我让他们休息一下，我妈讲休息了就没钱，还要挣钱供我读书。他们这么辛苦都是因为我，我最近在想我是不是应该出去打工，像我们村那些（出去打工的）一个月还能挣两三千块钱。”（后面说着说着就开始掉眼泪）

——X县一个高一女生对辅导员讲述自己想要退学的原因

更有父母以近乎“道德绑架”的言语行为来“胁迫孩子”，孩子的任何要求、任何事件都可以跟“钱”挂上钩。他们用无处不在的语言和行为告诉孩子：“你给（是否）对得起我们这么辛苦挣钱？”这种长时间的话语胁迫，一方面容易使孩子产生一种内疚感，容易增加孩子的心理负担，直接阻碍孩子的成长，进而影响其自信心的树立；另一方面，在朋辈成长过程中，孩子容易产生一种挫败感，“我成绩还不错，花费也不多，父母老这样抱怨，烦得很”，进而影响亲子关系及朋辈关系。

“我越来越烦我爸妈，我觉得他们就不应该把我生下来，或者应该在我小时候就把我弄死。从小到大都是，每次只要一涉及花钱的地方，就能听到他们在抱怨。最记得小时候过年，村里男孩都去买鞭炮放，我也想要，缠了我妈一早上她才给我买。长大一些，记得更清楚，要钱交点什么费用他们都要骂一台（一场）：‘考那么一点分，给（可）对得起我们？’其实我成绩也不差，小学到现在我们村五个人我一直都是第一。要个生活费也总说‘花钱大手大脚的，不会省着（节省）一点’，我的生活费一直都是班上一般水平。上初中这年也是，报到前一晚，他们拿钱给我交学杂费又在唠叨，我实在忍不住回了一句‘不行么就不读了，好像其他家小孩读书不要钱一样’，说完我妈就哭了，说‘我们辛苦挣钱还不是为了你，哪样不是捡好的给你，说哈（下）还不得（反感、闹意见）！’哎，我也晓得他们辛苦，我也晓得他们都是为了我们。只是一要钱就说一大串，让你烦得不得了。我现在没钱了都是先找朋友借，时间长了他们也会算计好自己打电话来说要给我打钱。”

——X县一个初二男生对老师讲述自己与父母之间的矛盾

父母让孩子知道挣钱不容易、生活不容易是有必要的，有助于孩子理解父母、理解生活，但过于强调和“哭穷”也需要避免。长时间反复强调“我们这么辛苦挣钱都是因为你”，在增加孩子心理负担的同时，也会进一步阻碍孩子积极发展。

家长如何向孩子传达自己的辛苦与不易，如何让孩子理解自己？孩子在面对“怨气十足”的父母时，如何与家长沟通、如何调整自己的心态？这些问题小则影响孩子的情绪，大则影响孩子的性格，影响亲子关系，甚至会影响孩子与家庭的未来。

## 三、管教方式消极导致教育效果欠佳

留守儿童的管教方式是一个不得不重视的问题，尤其是一些频繁违反校纪校规的留守儿童，十之八九都涉及管教方式的简单粗暴。

“这些在学校惹事的小孩，每次叫监护人来处理基本都是一个套路。初二那个经常打架的孩子，他们家是他爸在家带，每次过来什么都不问就给孩子两耳光。初二还有三个经常一起逃课进网吧的女生，一个住在她大伯家，每次叫过来处理问题都是在骂；一个是爷爷过来，另一个是外婆过来，这两个小孩么老人就是惯着，你说的时候他们就讲孩子还小，他们回家会说（教育）她的。等一出门，小孩就嬉皮笑脸地要这要那，老人也答应。”

——X县某中学老师在讲到学校几个“问题”留守儿童时这样说

老师的话语中更多透露的是一种无奈。目前在贫困地区实施“家校共同监管”还存在很多难点。很多监护人不是不愿意配合，而是不知道如何配合。

按理说，父母一方留在身边的留守儿童应该是“相对比较幸运”的，但实际情况是，单一留守家长很多时候既要兼顾家庭和农务，还要承担多重角色，往往没有更多的精力管教孩子，更多通过简单粗暴的“收拾一顿”来教育孩子。

“爸妈从我四年级开始就外出打工，现在是我爸在家附近包工程（砌砖）。感觉他们从来都只会打击我，不会鼓励。奶奶对我挺好，我什么都和她说。我爸就不行，对我就是冷冷的，问学习也是‘前几次都还考得不错，这次怎么下降了？这久（最近）可是没有在学？’从初中开始，我就经常生病，打电话给我爸，他有时在忙，有时不耐烦地说‘那么大的人，还什么都干不好！’”（一边倾诉一边哭）

——X县某中学女生在讲到自己的留守生活时这样描述

儿童与祖辈共同留守是比较常见的现象，大多数贫困地区的老人文化水平相对较低，对孩子又比较溺爱，对孩子的管教一般都是“说说”而已，不足以起到威慑作用，更谈不上有效的教育引导。

“从小我们就和爷爷奶奶在家，大人在广州那边打工，一般就过年回来一次。这样还好，我们在家很好玩，村子里小伙伴又多，爷爷奶奶又好讲话。周末和假期，顶多就是问一声‘作业做完了没’，你只要讲‘做完了’他们就不管你。一天就是吃吃玩玩睡睡，小伙伴们都喜欢来我家玩，晚上肚子饿了，我奶奶还会给我们炸洋芋。他们什么都随我们，只要我们喜欢就行。等毕业了就烦了，要跟着我爸他们出去打工。”

——X县某中学男生在说到自己的留守生活时这样描述

简单的管教方式让孩子错过很多好行为和习惯养成的时期，粗暴的管教方式则让孩子感受不到爱和归属感，这对其成长和未来发展都是不利的。

## 第四节　社会支持功能匮乏现象明显

在青少年的成长过程中，家长、教师、同学、朋友等组成了其成长的社会支持系统，但支持系统中的各个元素由于各种原因并没有发挥出有效作用。

在调研过程中，当问及孩子们如果遇到了困难的事或者心烦的事会怎么做时，有一部分孩子选择自己找个地方安静一下；当问及孩子们最大的烦恼是什么时，很多孩子会说和同学朋友的关系处理不好。这说明青少年的社会支持需求较大，但是，由于指导有限，孩子在寻求社会支持的过程中遇到了社会支持功能匮乏的问题，这也需要我们进一步加强相关的工作。

留守儿童就是缺乏社会支持的一个典型群体，留守儿童是指父母双方或一方外出到城市打工，而自己留在农村生活的孩子。他们一般与父亲或母亲中的一人，或者与祖辈亲人，甚至父母亲的其他亲戚、朋友一起生活。

民政部、教育部、公安部在全国范围内联合摸排数据显示，截至2016年11月，我国不满十六周岁的农村留守儿童数量为902万人，超过九成分布在中西部地区。其中，由(外)祖父母监护的有805万人，占总人数的89.3%；由亲戚朋友监护的有30万人，占3.3%；一方外出务工另一方无监护能力的有31万人，占3.4%；有36万农村留守儿童无人监护，占4%。X县作为西南农业大县，也是人员外出务工大县，在全县77 000余名在校中小学生中，有9 000余人因为各种原因成为留守儿童。农村留守儿童由于父母双方或者一方外出而导致亲子关系出现问题，影响孩子当下和未来的心理、行为状态，同时也从侧面暴露了很多的问题。

## 一、家庭角色缺失导致归属感降低

研究表明，每个人都害怕孤独和寂寞，希望自己归属于一个或者多个团体，这样可以从中得到温暖、体验爱、获得支持和帮助。留守儿童需要的主要是家的归属感，简单来说就是孩子是否能够感受到自己是家庭中的一员。

部分留守儿童跟祖辈在一起生活，同时一起生活的可能还有其他的兄弟姐妹。老人的体力和精力是有限的，每个孩子的年龄、性格、学习情况等也是有差别的，老人难免出现疏漏，一些孩子因此会觉得老人“偏心”，觉得老人“厚彼薄此”，觉得自己在这个家就是一个外人。

“我们兄妹俩和我舅舅家两个孩子跟着我外婆外公一起生活。我外婆还好，我外公只要我小弟一淘气他就说‘跟你老爹（爷爷）他们不跟，就是来折腾我们’。虽然我外公也就只是说说，但我就好难过。之前我们也是跟着我爷爷奶奶，只要我弟和我叔家小孩打架，我奶奶他们都帮我叔家那个。我就觉得哪里都不是我们的家，好像我们就是一个累赘，谁都不想要我们。”

——X县一个中学女生在讲到家里情况时这样描述

部分留守儿童是由父母一方的兄弟姐妹照顾的，这些看护人虽然在体力和文化水平上胜祖辈一筹，但也存在一些客观的弊端：一是教养角色的尴尬。“始终不是爹妈，说轻了不听，说重了不得（反感、对着干）。”亲戚不同于父母也不同于祖辈，很多代为照顾的他人都感叹其中的不易。二是整体精力和时间有限。大多数代为照顾的亲戚也需要照顾自己的孩子、家庭，同时还要工作养家，难免会有些力不从心，照顾不周。

“我姑姑对我还是好呢，什么好吃的都留我一份。但我始终不是她亲生的，我比表妹大两岁，每次我们两个一吵架，她都向着我表妹，还说我没有做大姐的样子。始终不是自己的家，在这里越久越觉得自己是个外人。”

——X县一个中学女生讲到自己的留守生活时这样描述

孩子长期缺乏归属感，容易出现性格内向、孤僻、不爱交流的问题，长期积累下去，很多孩子会去寻找家以外的归属感，最为明显的就是朋辈关系高于家庭关系。很多孩子因为追求归属感，对于朋友没有任何的要求，凡是愿意接纳他们的都是“好朋友”，甚至将一块抽烟、泡吧、逃课、聚众打架、通宵上网等的人都看作朋友来接纳，导致很多孩子因此荒废学业，甚至误入歧途，留下无法弥补的遗憾。

## 二、人际交流技巧缺乏导致朋辈支持不足

青少年拥有自己的社会支持力量很重要，他们可以通过得到更多的支持与帮助实现归属与爱的需要。北京师范大学心理学系教授林崇德介绍说，目前中小学生的心理问题主要表现为四种类型，其中第一类是人际关系处理不好，包括亲子关系、师生关系、同伴关系等。问题学生中有一部分是人际交往出了问题，我们在这里重点讨论朋辈关系。

随着青少年年龄的增长，特别是开始进入青春期，他们的关系重心开始由家庭转到同伴。对于他们来说，同伴之间有更多的共同语言，良好的同伴关系会给他们带来安全感和归属感，有利于促进学习和心理健康。

然而个体认知的不成熟则会导致更多的交往问题：什么叫作朋友？朋友意味着什么？如何跟朋友相处？

“刚来这个班没什么朋友，现在交到两个朋友，成绩比我差，她们都是从上一个层次掉下来的。上课会约着讲话，午休就在宿舍聊天，以前都是上教室看书或者做作业；下自习会一起偷偷用手机看视频到深夜，导致白天打瞌睡。我觉得这样不是很好，叫她们不要说话也不听。我有的时候受不了，不和她们一起，她们就说‘这个人假了’，对我也就冷冷的了。所以我还是尽量

她们做什么我就做什么，我觉得好朋友就是时刻在一起。”

——X县某中学女生跟辅导员讲述自己遇到的交友困惑

上文中的女孩，因为觉得“好朋友就是时刻在一起”，所以在朋友已经严重干扰自己学习的情况下，还在困惑“是不是我不对”，这就是缺乏正确的交友观和有效的处理技巧的表现。

很多时候，青少年阶段对朋友的泛泛概念是“人生得一知己足矣”，但很少有人告诉他们“朋友还有不同的层次”，有的是吃喝玩乐的朋友，有的是伙伴型的朋友，有的是知己型的朋友，不同的朋友适合不同的交往方式，适合不同的期许。在与朋友相处的时候，孩子们模糊地知道“朋友之间要真诚，要学会迁就”，但很少有人告诉他们“需要有自己的行为准则，要学会说‘不’”；在处理朋友冲突的时候，他们知道“要学会沟通”，但也很少有人告诉他们“如何沟通”和“沟通无效时怎么办”。

同伴关系的好坏直接影响孩子在家庭以外的环境中是否心情愉悦，也关乎孩子是否愿意探索家庭以外的世界，影响孩子的自我发展。

## 三、关系支持不足导致压力释放不畅

在成长的过程中，孩子们因为学习、生活、家庭、朋友等诸多原因，会遇到或多或少的心理困扰，这个时候如何求助、找谁求助、怎么求助的问题需要得到重点关注。在贫困地区，大多数家长和教师对于心理健康的认知还不足，当孩子遇到心理问题时不能给予有效的指导与干预。同时，贫困地区专、兼职心理健康教师较少，心理咨询专业机构更少，孩子们很难及时、有效地求助。

亲子关系是最先建立和确定的人际关系。父母对孩子的教养方式、互动模式都在影响着孩子。如果家庭亲子关系很融洽，孩子与父母亲密度很高，孩子从父母这里感受到的支持与关爱就多，因此性格比较活泼开朗，与外界建立联系的过程也比较融洽。

如果存在“不良”的亲子关系（不包括恶意虐待），父母与孩子之间沟通、交流不畅，支持关爱不到位，会导致个体自卑、敏感，同伴关系困难。

“现在宿舍所有人都不理我，班上还有一个是爸爸朋友家的儿子，本以为有这层关系可以好好相处，现在连他也在疏远我。一直以来就有过一个好朋友，他之前很懂我，不需要我去表达什么也不需要去做什么，他就能猜到我在想什么，要做什么，但现在不在一个地方上学。在我很小的时候我妈就不在了，我爸和我现在的妈有个弟弟。我爸从小对我很严厉，没有过多交流，只有要钱的时候才会打个电话，从小是爷爷奶奶把我带大的。现在的妈对我也不坏，只是也没有感觉是一家人。”

——X县某高中一男生这样描述自己与同伴、家人的关系

其实，这种“不良”是一个传递的过程，孩子在日常的生活与交友中带着在不良亲子关系中习得的性格和认知方式，会产生相应的问题。在上述案例中，如果家长有意识早期与孩子建立良好沟通，老师进行及时有效的疏导，他就不至于在高中经历如此大的挫折。

压力的产生有内在和外在的原因，外因是客观存在的，内因是对个人造成影响的核心因素。随着社会竞争压力增大，青少年感受到学习压力的年纪呈现低龄化趋势，甚至会听到一年级的小朋友在抱怨：“压力好大，没有双百就当不了第一！”压力是一把双刃剑，青少年需要学习调适压力的技巧，学

会将压力控制在可以促进学习而不是阻碍学习的范围内。

“我们家一个表弟，前天打电话跟我讲他受不了了，他怕是要疯掉了，他觉得学习压力好大。从初二开始就觉得压力很大了，睡眠也不好。他就要求他妈妈带他去看心理医生，他妈觉得成绩也还不错，就没在意。现在高一，他觉得更严重了，睡眠更不好，跟同学的关系也紧张。这次他妈妈倒是带他上省城的大医院看精神科，医生说好好休息不需要服药。他就想去找心理医生聊聊，我帮他家打听了几处，他妈一听咨询费用和过程，就觉得这个不靠谱，什么处方也不开，药也不开，聊聊还收费那么贵，就强制把孩子带回去了。”

——X县某小学老师说到自家亲戚因为学习压力求医时这样描述

很多青少年在面对过大的压力时，都会主动向家长和老师求助，但经历过援助之后，大多数个体都会说：我知道他们讲的都对，但我就是控制不了。在没有专业心理健康引导的背景下，很多家长和老师都会给孩子讲大道理：“这有什么，你好好学就行了。”“何必那么在乎，尽力就行。”“你就把它当作一次普通测试就行。”

这种普遍存在却缺乏专业指导的话语会让很多青少年个体在求助的过程中感觉到无奈。正如案例中的孩子，如果教师们能够运用一些专业的心理健康引导知识，如果学校有专职老师进行早期干预，如果家长对于心理咨询的意识再增强一些，那么孩子关于学习压力的问题就可以比较顺畅地化解。

# 第四章　贫困地区青少年常见心理健康问题案例分析

## 第一节　我是谁：自我认知的问题

### 一、“想成为超人”的女孩

【案例背景】

X县某高二女孩，成绩优异。读高一期间在省城医院被诊断为抑郁症，一直在坚持服药。某日晚上因为与同伴发生矛盾致使情绪非常激动而寻求电话辅导，情绪平复之后约第二天面谈。女孩身形有些瘦小，中午过来时状态不错，表情愉悦，说话声音有点小。

【来访者自述】

我的中考成绩很不错，在镇上排前三。进入高中后感觉压力很大，开始还能保持年级第一，后来就一直在掉。我是一个不服输的人，自己在不断地给自己压力。刚好那段时间爸妈之间的问题更严重了，就是我知道了妈妈的一些事情，所以就很想发泄一下，感觉从那时起自己真的是生病了。

很多时候我很不想跟妈妈说话，但又觉得她是妈妈，就一直忍着，我心里很难受。妈妈总说我看不起她，说我跟她不亲，我也不想这样，可是我做不到。有段时间爸爸生病了，还病得很重，妈妈对他一点都不关心，有钱也不拿出来给他看病。听说还会把证件、钱这些扔在我爸脸上。一个丈夫怎么能被妻子如此羞辱？对他的照顾也不上心，总在玩手机。初三放假我就自己去照顾我爸，每天医院、住处来回跑，就是为了给我爸做点好吃的，毕竟外面的又贵又不好吃。其实我爸年轻时对我妈也不好，经常吵架，还会动手打人。他们闹成这样，我也不知道可以做点什么。

就在高一下学期，我因为心情抑郁上昆明治疗，也趁机和妈妈摊牌。但妈妈确实对我很好，每次进城看我都和我爸早早地去排队，总是抽时间陪我，给我买各种我这个年纪的女孩子喜欢的东西。其实妈妈眼光很好，她买的衣服大家都说好看。治疗那段时间我很开心，爸妈都在抽时间陪我，自己什么都不用去操心，有时候还可以同时挽着爸妈的手散步。

爸妈在我小学时就出去打工了，我跟着爷爷奶奶在家。他们年纪大身体又不好，基本家里很多事都是我在弄。初一的暑假，村里组织修水管，就是每家人修一段。我们家、我两个叔家的水管都是我一个人修，他们大人一个也没有回来。我自己一个人去买水管、挖沟、埋管，还好后来村子里的同学和其他一些人过来帮了忙。

父母总喜欢对我说同一件事的不同版本：我爸的态度是，事情就是这样，你自己去判断；我妈总是在抱怨，这让我觉得很烦躁。我觉得我爸那种就好一些。我还觉得宿舍的有些同学好无聊，总是在说哪个男生和女生怎么啦，要么就是哪个女生和女生怎么啦，听多了觉得好烦。

很多时候觉得我就想当一个超人，但很多时候又觉得自己什么也做不了。

【案例思考】

案例中的女孩，被生活逼成了“小大人”，这些“小大人”稚嫩的肩膀早早担负了过重的担子。

这个女孩从小父母外出打工，自己和年迈的爷爷奶奶在家，什么事都要自己操心。慢慢地，大家都认为女孩懂事、能干，便把更重的担子放到了她的身上。女孩也在努力地挑好这些担子，包括村里修水管、听父母讲事情、给他们做评判……但再懂事的“小大人”也终究还是一个孩子，她的承受能力是有限的，她也希望被疼爱被关心。这个女孩在高中高强度学习和父母情感危机的双重压力下，选择用生病来“发泄”一下，让自己“什么都不用去操心”。

后来女孩在父母的关心之下，慢慢地走出了心理困境。在整理这个案例的时候，我们收到女孩被心仪大学录取的消息，十分欣慰。

对于这些从小承担过重担子的孩子们，我们可以引导他们慢慢学会“划分责任”，慢慢学会“做好自己”。孩子不断地长大，在成长的过程中努力为家人分忧是对的，但对于一些“过重”又“难以承担”的担子，需要教会孩子适当地放过自己，保留一点童真。

## 二、正副班长的不同人生轨迹

【案例背景】

一天中午，电话铃响了。电话那边说：“Q 老师，我是 P 呀，刚从日本回来，初中同学聚会，邀请您明晚 6:00 过来 Z 餐馆吃饭。到时我和 C 来接您。

15 年了，我们想您了。”

P 和 C，我刚出任教师时的班长和副班长。当年稳重的 P 是班长，聪明机灵的 C 是副班长，我曾在头脑里反复掂量，谁当班长比较合适。现在，P 从日本知名大学研究生毕业后留日工作，手下管理着日本人、英国人、美国人等。C 在高中毕业后步入社会，结了两次婚，现在经营一家餐饮店。

当年两人学业、能力不相上下，而今的人生轨迹却有不同。

**【案例描述】**

我的思绪回到 15 年前。

七年级新生报到，教务主任跟我说，“P 是小升初全县最高分，放你班上了。”作为一个刚进校的老师，这样的学生在自己班上，我自然诚惶诚恐，就让他当了班长，并不经意地经常观察他，希望他学得更好。三个月后月考，P 的成绩没有像我预想得那样好，其他方面能力也不出众，文化成绩居班级第二，年级前 60，我心里很忐忑，他的成绩比刚进校时下降了不少，生怕他家长认为放错了班级。

偶尔翻看 P 的周记，发现他是一个会思考的学生，比如对某个家长请老师吃饭希望多照顾自己孩子的行为，他认为“其实送给老师最好的礼物就是学生优异的成绩”。P 跟班上同学关系好像都差不多，参与班级事务管理既不积极也不冷漠，以至于我看不出他有什么过人之处，令我干着急。

“我觉得他作为班长不太合适，只是换其他人不妥当，怕挫伤孩子的自尊心。”有任课教师也这么说。

据说 P 的父母都是大学毕业，科任教师们反映每次家长会后，P 的父亲或母亲都会留下来跟老师们沟通，问孩子在课上的听课情况、与同学相处的情况。家长会征求老师的意见，问该读哪些课外书扩展孩子的阅读面、训练英语听力的方法、课外买哪本数学习题集更好之类的话题。各科老师都说P的家长很会配合老师的教育教学。

后来，九年级时他的成绩进入了年级前30名，这样的成绩意味着可能进入市级重点中学。与此同时，偶尔学校有事我临时去开会，P也会组织同学们分组讨论，或者自己带着同学们复习，好像在这一阶段P才真正像一个一班之长。

其间也听P的邻居说起他，“这孩子挺不错的，他父亲参与银行副行长的竞聘，在家里模拟演讲，他还给自己父亲提意见”，邻居一脸羡慕。

初中升学考试后，P考入了市级一所中学。三年后，P被上海一所大学录取，但自己不满意专业，于是又回到家乡的高中补习。我收到他的微信是5年后，他说自己考上了日本某大学的研究生。

相对于P，C给我的印象更为深刻：

场景一：七年级入学的一次英语测验，坐在最后一排的一个小男生15分钟就交卷，只错了一个单词，得了119分(满分120分)。一周后，我让他当了小组长和英语科代表。

场景二：七年级新生军训，学生在教官带领下进行正步、齐步、擒敌拳等操练。C的正步走得很标准，甚至很接近教官的步伐。班级单独操练时，体育委员的口令我怎么听都觉得达不到理想的效果，就换上C试试。练了一周后，会操表演我们班得了第一名，特别是C，动作干脆利落、神情庄重严肃，英气逼人，场下的同学都看呆了。军训后，C成了纪律委员、副班长。

我也不断听到各科老师称赞他“反应快，思维发散，德、智、体、美全面发展”，同学都夸他“人缘好”。他的学习成绩及组织能力都让教他的老师惊叹，都说“这同学到了大学更不得了，他出众的组织能力会让他发展得更好”。每个老师有事都让他去办，比如到学校各处室上交和领取物品、收发作业、复印试卷等。每个老师都预测他会有美好的未来，都羡慕他的父母有个好儿子，不让人操心（因为除了家长会，大家都没见过他家长来过学校，而他的成绩仍能稳居班上前三名）。我也曾默想“要是由C来当班长会怎么样，我是不是更省心”。

场景三：九年级一天，我无意中在街上看到了C，骑着一辆自行车在街中间，父亲骑着摩托车跟在后面，摩托后面载着一大筐水果，C边骑边回头叫着“爸爸，快点，朝这边”。看样子是要爸爸抄近路。当时我心想，这父亲怎么当的，孩子在街中间骑车自己还跟着。

场景四：一天，街上偶遇C的妈妈，推着一辆装满水果的小推车，沿街叫卖，见到我，马上停下说：“噢，Q老师，我家C在学校怎么样，这个小砍头（当地农村骂男孩的词）的，一到星期六、星期天，他的那些同学一群一群地来叫他出去玩，一去就是一整天，星期天晚上才赶作业。”

我很吃惊，在家里的C竟是这样的表现。在老师看来的好成绩，C仅仅是靠上课得来，说明他有多聪明呀！但我回答说：“C呀，挺好的，聪明，成绩好，组织能力强。”“老师，麻烦你多管管他，我又没读过书，他爹也是一个大老粗，教不来他，全靠你们老师了。”C的妈妈说着推着车走了。

初中毕业后，C以1.5分之差与市级重点中学擦肩而过，据说当年只要出一定择校费C就可进入市级重点中学就读，而他父母以家里要建第二幢房，拿不出一分钱为由，只让孩子在本县读高中。

上了高中，就听C母亲讲自己孩子，怎么跟外乡镇来的孩子混在一起，抽烟，被逮到几次，送回家反省教育，被罚款等。后来又逃课、谈恋爱，成绩一落千丈……

“为什么不去学校多与老师沟通沟通呢?”我问道。

“没时间呀，我要照看水果摊，他父亲要进货，起早贪黑的，有时候饭都来不及吃。”C的妈妈说:“我们从早忙到晚，现在也只攒下了20来万块钱，还不是为了供他上大学呀。”C的妈妈继续抱怨:“您看看，一到读高中，他就变了，根本不像初中，初中我没操过半分心。”

高中毕业后，C并没有上大学，而是踏入了社会，先是打工，后来开服装店，结了婚又离了。其他同学还在上大学时，他又结婚了，女方大他七八岁，现在两个人的餐饮店生意也不错。

**【案例思考】**

根据前面的描述，对比P和C的表现，他们起初差异不大，甚至可能C更聪明一些，组织能力、人际交往能力也更强一些，然而高中毕业后二人却走上了不同的路。

有研究显示，家庭环境、家长素质是影响孩子教育的重要因素，父母文化程度高，子女学习优良者居多。文化程度高的父母能够在孩子成长过程中采取更加合理的身心培育方法，因而孩子能获得来自父母的较多支持，更有效解决生活、学习中的难题，更容易获得好成绩。成绩好的孩子会更喜欢学校和老师，就更乐于与其他人展开交流合作，形成良好的人际关系。

家庭经济状况也是影响孩子学习成效的重要原因之一。好的家庭条件可以给孩子提供较好的学习、生活条件，孩子不用担心生活上的事，从而能够专心学习，获得较高的学习成就感，对学习也就越感兴趣，更可能获得好成绩。拥有好的成绩能够获得更多父母的支持、同伴的欣赏及老师的关注，能够更容易寻求有效的方式来解决生活、学习中的问题，故而行为不良的倦怠感也就弱一些。

## 三、焦虑的女孩

**【案例背景】**

女孩是某中学高一学生，在学校中等层次班级。说话声音比较小，不停地揉抱着抱枕。

**【来访者自述】**

最近感觉很烦，总是睡不着，有时会一整夜睡不着。感觉自己比之前努力多了，但成绩还从班上的十多名掉到了倒数，有时感觉不如死了算了。

三年前我从楼上摔了下来，治病花完家里准备盖房子的20多万，还借了不少钱。那时候身体很疼，心里更难受，但家里人都说房子以后会盖好的，现在先治病要紧。住院期间，有一段时间要一周才能见家人一次，特别难熬。我很多时候想放弃了，也许是老天爷不想让我死，每次都是氧气一拔掉，护士就过来。因为这次意外我脸上留下了好几处伤疤(并不明显)，自己有时候会有些敏感。

我们家我妈和我哥是那种比较乐观的人，什么都是慢慢来。我爸和我就相对比较悲观，经常会着急。家人对我很好，也很宠我。上次月考后一周，奶奶病重，需要很多的医药费。姑姑家小孩一直是爷爷奶奶带大的，但姑姑却和妈妈吵架说自己是嫁出去的女儿，医药费轮不到他们一起承担。需要那么多钱，我看着又急又气的。

哥哥考上大学，还是重点，人缘很好。哥哥是我的榜样，对我也很好。初三下学期看我比较焦虑，还带我出去玩了几天。我回来心情放松了很多，恶补之前落下的功课，没想到中考成绩还不错。

我有个很好的朋友，之前在一起什么都说，现在她没读书，在开服装店，生意很忙，交流少了很多。父母最近又很忙，家里事又多，要照顾奶奶还要打工挣钱，我怕他们担心就只会跟他们讲点好的，实在烦得不行就去散散步。这个周末打电话我妈听出我状态不好，说要过来看看我，我说不用了，我没事。从家到我们学校坐车又远，路费来回就是他们一天工钱。但我其实好想他们，我已经快两个月没见他们了。

**【案例思考】**

女孩的焦虑是贫困地区高中学生中很典型的“好孩子”焦虑：孩子很懂事，明白家人的辛苦，能够感受到家人的爱。孩子一直在努力学习，希望以此来回报家人的爱。案例中女孩所处的高中时期，本来就是学业压力比较大的时期，需要有适当的纾解压力的方法，用“吹气球”来类比就比较好理解。平时，女孩家里没什么大事发生，她可以安心地跟父母沟通，说说自己的烦恼和不开心，实在觉得心情不好，还能跟父母或者哥哥聚一聚，这就像“把气球里面的气放出去了一部分”。但最近家里因为奶奶生病的医药费这个问题，让女孩很担心但又觉得无能为力，只有好好读书，尽量不给家里人“添乱”。女孩在不停地“给气球吹气”：增加学习强度、担忧家里的奶奶、操心医药费、心疼父母的劳累、不停地与哥哥对比、想起之前因为自己遭遇意外事故给家里造成的经济负担……同时“减少气球的排气量”：因为自己最好的朋友忙生意交流少了、因为心疼自己的家人而“报喜不报忧”。对于处于焦虑中的孩子来说，“报喜不报忧”不仅“减少了气球排气量”，而且还“增加了气球的进气量”，在一定程度上进一步加重了焦虑情绪。

焦虑现象在贫困地区的学生中很常见。在辅导中，我们应该着重帮助学生厘清焦虑来源，找寻生活中的支持系统，从而畅通“气球的出气口”，使孩子的焦虑等情绪被控制在适度的范围内。

## 第二节　我在哪：生活中的压力

### 一、“自我作践”的女孩

**【案例背景】**

小李，一个 14 岁的女孩，本该是读书的年纪，却已经在酒吧打工两年了。父母是普通农民，家中还有一个已经结婚的姐姐，不时回来和父母住上一段时间。家中经济状况不是很好，房子虽然坚固但是已经非常老旧。父母在种地之余，还在外打零工挣钱。为了能够劝其返回学校继续读书，我们来到她的家中，与她有了接触。小李家中摆设比较简单，有一套转角的布艺沙发（略显陈旧）、一个玻璃茶几，对面电视柜上的电视看起来已经很久没开过，旁边堆满了杂物。

**【案例描述】**

小李是一个面目清秀的女孩子，虽然只有 14 岁，但是个子比同龄人高，隐隐约约透露出成熟的气息，她穿着一条时尚却略有磨损的连衣裙，画着浓浓的烟熏妆，耳朵上戴着四个耳钉，这些装扮显然不符合她 14 岁的年纪，更与家中贫困简陋的配置不相符，唯一与这个环境相符的是孩子脚上穿的一双简陋的塑料拖鞋。我们来到她的家中，父母招呼我们坐在唯一的陈旧沙发上之后，便沉默地坐在墙角的小板凳上。整个过程中，小李只是抬头看了我们一眼，一直坐在我们对面的茶几边，摆弄着手机。

为了打破沉默，我们从手机游戏和她聊了起来。

“你在玩‘段子’吗？这是一个很受欢迎的娱乐 App，很多人都喜欢，我有时候也会看看的。”

“嗯……”小李很轻蔑、不屑地看了我一眼，继续玩手机。

“能和我说说你为什么愿意玩这个游戏吗？”

“你不用套我的话！我知道你们来干什么！我已经跟你们说过很多次了，不去上学！！我不上就是不上，我说过的话，是算数的！！！”孩子突然抬起头来，向我们声嘶力竭地喊道。

“能和我们说说为什么不愿意上学吗？”短暂的震惊之后，我们索性直截了当地问道。

“我和你们说不着！我自己的事情我自己说了算，就算我自己死在外面，也和你们没有关系，我就是这样，你们别和我啰唆了，我就是不上，说死我也不上！”她继续一脸的冷酷和不屑。

墙角蹲坐的父亲突然发话了，用急促又责备的方言训斥道：“让你上学还不是为你好！我们每天累死累活地挣钱，不就是为了你！你还不知足，还要这么闹！你对得起我们吗？”

似乎父亲的话刺激到了小李，她突然抬起头，声嘶力竭带着哭腔反驳：

“整天就会说是为了我，你们哪里为了我了？我在学校，人家孩子都有父母过来看看，你们啥时候来看过我？我想见你们都见不到！哪里是为了我了？”

“那你周末不是还回来吗？回来不就见到了？你回来不要吃、不要穿啊！我们不干活哪里来的钱？？”父亲辩解道。

“哼！周末回来？周末回来你们还不是忙你们的！陪着我的只有手机！你说除了手机还有谁理我？”孩子继续声嘶力竭。

“那我们还不是要挣钱养你！！”父亲继续辩解。

“又是挣钱！又是挣钱！我上学的时候就是想见你们，有时候我和你们说没钱了，告诉你，我就是想你们能在给我送钱时来看看我，你们呢，哪次不是让别人带给我！”

“我们有活计，又在打工，哪有什么时间啊！挣钱还不是为了你以后。”父亲继续辩解。“是啊，确实在打工、忙乎活计，家里的猪牛都得喂。”母亲在一边补充道。

从父女之间的对话，我们似乎明白了孩子的心结。我们示意父母暂时回避，独自和孩子聊起来。

“刚才你说的话我听懂了，我现在明白你的感受了，我能理解你的心情，你心里有恨、有委屈是吧？”

孩子抬头看了我一眼，眼中闪过一丝亮色，瞬间又恢复了倔强的冷笑：“你懂啥！你知道啥！我告诉你，我自己的事我自己做主！谁也不能管着我！我就是不上，你们再怎么说我也不上！我还告诉你，谁也不能欺负我，也不许欺负我的家人！决不行！我爸我妈老实窝囊，我不许别人欺负他们！”

“我能理解你现在很委屈，对父母抱有失望，是吗？”

“总是我的错，到啥时候都是我的错，除了会骂我啥也不会。”孩子开始痛哭。

“前两天，我爸和邻居吵架，那个家伙一直在骂，我实在气不过，上去帮我爸骂了他两句。可是回来，我爸又把我狠狠地骂了一顿。

“我现在是废了，抽烟喝酒啥都会了。可是就是这样，也没看到他们心疼我，还是除了打就是骂！我回家就只能躲在自己房间里！

“我有时候也想和他们坐下来好好说说心里话，可不是没说两句就起来忙别的，要么就是一顿臭骂！我真的没办法。我现在真的是废了！”

我们把父母叫进来，让他们和孩子在一起。经过发泄之后的小李，这时心情已经稍显平静，看到父母进来，她又恢复了冷冷的表情，她对父母说：“反正我现在是废了，我已经会抽烟、喝酒，我也不上学了，以后爱怎么样就怎么样了，你们就挣你们的钱吧。”

看着父母惊愕的目光，看着小李故作冷静却充满悲凉的稚嫩眼神，我们都陷入了沉思。

**【案例思考】**

这个案例在后续的处理过程中，我们主要是从改善亲子关系、纠正父母教育方法、提升父母的亲子沟通技巧、帮助孩子恢复正确认知、体验亲子情感、树立成长信心等方面进行指导。值得欣慰的是，经过多方的共同努力，一个月后，在孩子生日的时候，一个大蛋糕、一个与父母充满亲情的拥抱改善了这个充满敌意的家庭，孩子也返回学校继续学习。

表面看来，这是一个青春期孩子逆反的典型案例，但是究其深层原因，却和贫困地区的经济生活状况及农民的知识水平有着极大的关系。在农村，尤其是贫困地区的农村，家长对孩子的教育主要以“放养”为主。要注意的是，这种“放养”与城市的“放养”是不同的概念，农村的放养是“只要吃得饱、穿得暖、有学上”就可以了，没有更多的精力关注孩子其他方面的成长需求。在沉重的生活压力下，农村家长长期忙于生计问题，很少能够腾出精力来与孩子进行深入交流，更不要说关注孩子成长中的情感需求。他们认为，孩子只要没饿着、没冻着，就会自然而然地长大，教育是学校老师的事情，送到学校就什么都解决了，自己的事情就是挣钱养家。然而，小李的案例充分说明，在孩子的成长过程中，父母的情感关怀和深入交流是不可缺少的。沟通行为理论指出，当成长中的孩子受到伤害或者需要关爱的时候，长期得不到父母的有效情感支持，就会使其本就弱小的自我认知变得更加虚弱，无力感、挫折感不断增强，最终由“我不好—你不好”的认知，发展为“我好—你不好”的认知，就像一个受了伤的小兽，躲在角落里自己无奈地舔舐着伤口，它心里想的是：你们等着，总有一天我会好起来！

另外，小李的父母都没有上过学，除了沉重的体力劳动之外，没有更多的知识积累。即便他们希望与孩子交流，方式也是简单粗暴的教育与责骂，更不要说充分考虑到孩子的情感需求，从孩子的角度进行教育引导。这种沟通方式的直接后果就是让孩子不断加深“是我的错，又是我的错，总是我的错”的自我认知，最终导致不可调和的亲子关系。

经过大家的努力，一个充满温情的生日蛋糕和一个充满关爱的拥抱最终化解了这一家的危机，也暂时安抚了小李部分受伤的心灵。但是，小李以后的成长之路上可能会遇到的问题，不是这一次两次修复就能够完全解决的，她今后的路还很长，她的父母今后也有很长的路要走，希望这是一个好的开始。在广大的农村地区，还有很多像这样的亲子关系、像这样的家庭，我们的工作还在继续。

## 二、希望把分数换成钱的孩子

**【案例背景】**

“要是能把分数换成钱就好了。”这是一个 15 岁的农村男孩的话。他名叫小文，上九年级了，每学期都保持班上第一、年级前二十名的成绩，但每个学期隔三岔五都有那么几天，他要请几天假，说要照看爷爷。小文的爸妈带着年幼的妹妹在外地打工，每年回家一两次，小文跟爷爷奶奶在一起生活。适逢学校要求上报各班贫困人员进行补助，同学们都推荐他。于是老师到他家中家访。小文家中陈设简单，只有几件农村常用的家具，虽然简陋，但摆放整齐，打扫得很干净。

**【案例描述】**

小文面容清瘦，浓浓的眉毛下，一双眼睛透着机灵，神情总是显出与年龄不相称的严肃。老师发现这孩子平时很爱笑，也很听话，扫地、擦黑板、倒垃圾都抢着做。学校发的营养餐也吃得干干净净。老师临时开会，他会带着同学自习，俨然一个小老师。体育训练，他指挥同学长跑，大家都服他管。同学问他作业时，他总是很认真地讲解。课上他几乎把老师讲的话每句都记下来，笔记记得工工整整，并标出重难点。每次作业他都写得干干净净，特别是数学、物理、化学测验几乎每次都得满分。老师发现，每当试卷发下，看着红红的100分时，小文总是露出开心的笑。当我们到他家说明来意后，提及小文，爷爷一脸自豪。

“这孩子每天六点钟起床，要看半个小时的书才洗脸，自己去学校，不消（不需要）我们操心。”

小文奶奶说：“这孩子每天不睡午觉，至少要学习一个钟头，晚上到十一点多才睡觉。放学回家还要帮我们煮饭、喂猪等。”

爷爷还说：“这孩子有时懂事得令人心疼，比如说一次冬天家里来亲戚，我和他上街买菜，他一个人背着背篓、手里拎着东西，不让我拿，怕我手冻僵，让我把手放衣袋里捂着。”

“他爷爷有肺气肿，每到冬天就犯病，都是这孩子帮着叔叔把爷爷送到医院轮流招呼（看护）。他爸爸妈妈不在家，他就顶上他们的责任了，这个时候就耽误孩子上学了。”奶奶说着，一脸内疚。此刻，我们也明白小文为什么每年都请几次假了。

爷爷还说：“这孩子性格好，对周围的邻居喊大叫小（礼貌地打招呼）的不用操心，跟叔叔、婶婶们相处得很好。爱听老人们讲故事，我们讲过去生产队靠记工分记录社员每天出工的情况，然后年底按工分分钱分粮。他就说要是自己的分数可以换成钱就好了，这样他爸爸妈妈就不用到那么远的地方去打工了。”

小文爷爷也说自己儿子、儿媳在小文10岁时就外出打工了，每个月会寄钱回家，每星期也会打电话问孩子的吃穿、学习情况，孩子都说样样都好，叫爸爸妈妈放心之类的话。

我们问：“爸爸妈妈长时间不在身边，想不想他们？”

他回答："会想的，但是跟爷爷、奶奶、叔叔以及小朋友们多说说话，还有多听老师的话，专心在学习上，也就习惯了。"

"每到过节的时候，他爸爸妈妈回来，孩子还是会显得欢天喜地的。春节一过，他爸妈要走，孩子也会显出依恋的神情。"小文爷爷补充说，"一星期后就恢复正常了。"

听到这话，我们心里都很不是滋味。我们不知道当父母长期不在家时，这孩子目前"平静的情形"能维持多久？

**【案例思考】**

文中的小文是个留守儿童，但似乎并没有受到父母不在身边的各种不利因素影响。小文的状况与他自身的性格阳光开朗、爷爷奶奶及父母跟小文良好的沟通有关，也与小文与老师和同学们建立了良好的关系、获得了有效的支持有关，或许也跟父母外出打工时他的年龄（前面提到父母外出打工时小文 10 岁）有关。这些因素可能都有效减轻了父母不在身边的现实对小文的负面影响。有研究表明，0～2 岁可能是儿童渴望父母关爱的敏感期，6～8 岁可能是儿童对家庭应对事件能力的敏感期，因此建议在儿童的这两个年龄阶段内时，父母尽量避免长时间外出。

农村年轻父母为增加家庭经济收入到外地打工，合情合理，但我们建议年轻父母在不得不外出打工时，要注意孩子的成长阶段，以减少因父母长时间不在家对孩子产生的不利影响。同时要注意自己外出打工期间怎样保持与孩子良好的沟通与联系，加强对孩子学习的远程监管等问题①。

① 范兴华：《家庭处境不利对农村留守儿童心理适应的影响》，湖南师范大学出版社，2012。

但小文毕竟是个孩子，在这个年龄过多地承担了他本不该承担的责任。如果他父母继续长年在外打工，谁知道在他以后的生活中还会发生什么事？他自己能不能处理这些事情？或者是爷爷奶奶能不能帮他解决？我们会继续从优先上报各种班级经济补助、加强对各科教师的关注、加强班主任与父母沟通等方面来帮助他。

## 三、把自己父亲称为“那个人”的女孩

**【案例背景】**

15岁的W上八年级了，老师征询学业水平报考学籍信息，问到父亲一栏为什么空着时，她沉默半晌，似乎有什么难言之隐。问了几次后，W一下子激动起来，说“别提那个人（指她生父），我为什么要把那个人的名字写上去呢，那个人已经不在我们的生活中了……”看她那么激动，我不再追问。几天后，我向W的妈妈询问情况。

**【案例描述】**

当年W的妈妈嫁到省内外县，有了一对双胞胎女儿——W和U。在两个女儿5岁时，由于丈夫贪玩，不顾家，爱喝酒，喝酒之后又哭又闹的，最后两个人大打出手，W吓坏了，在父母中间说“不要打，不要打”，结果父亲一拳过去，没打到W的妈妈，却把W的脸打青了。于是，夫妻二人闹上了法庭，W的妈妈更是恨透了丈夫，最后两人离了婚，姐姐U判给父亲抚养，而W则归妈妈。母亲带着两姐妹回到了自己家乡，W的父亲认为U法律上是判给自己抚养的，不同意U随她母亲生活，便扣下了U的户口本。因此W成了合理合法的母亲一方的本地人，而姐姐U户口在父亲那里，随母亲生活后，变

成了随迁子女。从此以后“父亲打亲生女儿”这件事在幼小的 W 心里留下了阴影。

“为什么不把 U 留给父亲抚养呢?”我问,“户口不是本地的学生,以后读书报考都会很麻烦呀!”

“我也想过去把孩子户口迁过来,一开始他父亲是同意的,可他一喝酒就打人,就变卦了,好几次都这样,这就是孩子户口老迁不过来的原因。”

“那考虑过让孩子随父亲读书吗? 这样,可以减轻一些你的压力,孩子也可以名正言顺地成为那儿的本地人”。

“两个孩子不跟他呀,”W 妈妈回答说,“还有一次,这边学校要每个学生交 400 元教辅资料费,他父亲只给了 U400 块钱(因为父亲认为 U 法律上是判给自己抚养的),而一分都没给 W。”

“孩子不提他是有原因的,”W 的妈妈补充说,“离婚的时候家里有 20 万块钱,他一分都没给我们母女仨。”

由于以前的隐痛加上父亲的所作所为,W 恨透了自己父亲,平时从不提及他,提到他也只说“那个人”。

10 年过去了,W 对父亲的恨意一点没变。

**【案例思考】**

孩子的成长离不开家庭,一切美好的品质和优秀的素质都根植于家庭土壤。作为父母,夫妻双方只有达成一致,寻求积极的教养方式,营造温馨的家庭氛围,才能影响孩子,形成较好的亲子关系。

很多时候,夫妻双方感情破裂,维持不离婚的理由多是“为了孩子”。虽然父母感情破裂确实对孩子有伤害,但父母双方在孩子面前诋毁对方,拉着孩子一起形成“反抗同盟”，这是对孩子伤害更深的一种家庭结构。对于孩子来讲，无论父母之间关系如何，双方都是他的至亲，在孩子面前诋毁对方，只能对孩子造成无尽的伤害。真正对孩子的关心，是父母不得不离婚后，无论孩子和谁一起生活，都不要将成人的感情强加在孩子观念中，双方都要尊重孩子的选择，和孩子交流沟通，形成正常的亲子关系，让孩子感到自己是爸爸妈妈共同的孩子。①

## 四、为弟弟而来的孩子

【案例背景】

这个案例的主人公是一个就读高二中等班级的男孩，从小父母外出打工，被爷爷奶奶带大。最近父母感情不和，但不晓得具体原因。他还有个小自己三岁的弟弟，两人感情很好。

【来访者自述】

父母近两年来感情不和，现在母亲在昆明打工，父亲在外边做活，上次放假时去了母亲那里。他们都很少回家，就是寄钱回来。我不晓得父母为什么闹，问他们谁都不说，总把我们当小孩，不愿讲。在老人面前他们也不讲，两个人还一见面就吵架。

弟弟从小跟我感情很好，以前很听我的话，什么都跟我讲。这两年来，他开始什么都不讲，问他也不说。我知道他有心事，自己藏着。他初二，我高一时，他有一次跑去山里躲了起来，第二天饿了才出来。他以前是班上前三名，现在三十多名。我知道也是父母的原因，但我又不晓得要怎么跟他

① 边玉芳、钟惊雷、周燕，等：《青少年心理危机干预》，华东师范大学出版社，2010。

说，我就让他什么都不要想，好好读书。说实话，我初三也因为父母的事考得很糟，高中也基本没有用心学，我真的静不下心来学。

前次放假回家才知道爷爷病得很重，弟弟一直都知道，他怕我担心就一直没有说。那天晚上睡得晚，听到爷爷叫我，跑到楼上，才发现原来挺拔的爷爷自己疼得在床上打滚，被子都被撕破了。当时很难过，觉得自己特别无能为力。

我弟弟今年已经初三了，再这样下去，他连一个高中都考不取。我真的很担心他，我不晓得要怎么跟他讲。

**【案例思考】**

案例中的男孩，因为父母感情不和而又无从知晓具体原因，所以心情很受影响，学习成绩也因此不太理想。作为哥哥，他想要为弟弟遮风挡雨，希望弟弟可以“什么都不要想”地好好学习。弟弟也是一个特别懂事的孩子，他知道家里发生的事情，怕哥哥担心，选择什么都不说。

兄弟两人都在用自己的方式想要为对方挡去一部分生活中的风雨，面对家里共同的事件两人都选择独自承担。但他们忽略了一点：很多时候共同面对才是最好的承担。特别是处于青春期的他们，心智还不够成熟，经历的事件还很少，有的时候思想难免会有些极端。有个信赖的人一起面对，至少有一个可以倾诉的对象，这对兄弟两人的情绪调整会很有帮助。

在辅导过程中，帮助男孩意识到这一点尤为重要，要学着和弟弟一起面对家里的事情。在随后的交流过程中，男孩找到了一些可以尝试去解决问题的方法。

# 第三节　我该往哪里去：学习、情感和交流问题

## 一、总是黏着爷爷奶奶的孩子

【案例背景】

刚开学一周，我就接到吴大妈打来的电话，焦急地说："我孙女'小广东'要转回原班级读书，希望你帮帮我，迟了怕孩子跟不上其他同学。"我一听就奇怪了，因为这个班级是我新接手的，听原班主任说过这孩子情况，父母在广东工作，大家都爱称她为"小广东"。怎么刚回到父母身边，才读几天书，又要转回来。但我还是回应："老人家，别着急，见面慢慢说。"

"老师，没办法呀！"老人一见面就拉住我的手，"现在，她爷爷患了高血压、心脏病，累得喘不过气来。我们打算再次把她送回她爸爸妈妈身边，可她死活不想在那边（广东），看样子她是不认她爹妈了，她爷爷每天三次接她来回上学，哪一天老头子支撑不动了那可咋个办呀！"

"可以想想办法，你们可以在那边多陪陪她，让她对广东的生活适应一段时间。"我说。

"老师，我们能想的办法都想了，不起作用。我们提前送她到广东，陪了她二十多天。广东天气太热，下午三点我们就把她放在游泳池里泡着，但是她还是热得直喘气，不适应。"老人接着说，"更严重的是，我们一提出回老家，孩子就死死抱住她爷爷的腿，又哭又喊的，说'要跟爷爷奶奶在一起'，怎

么也不跟她爸爸妈妈亲热，见她父母就像见陌生人。像这样的情形闹了好几回，我家老三很快也要有孩子了，我们也要带老三家的孩子，只能把她又带回来。”

“唉，是我们害了她，她也害了我们!”老人叹了口气，“早知道会这样，我们从小就把她放在她父母身边，不带她回来。”

**【案例描述】**

小广东的父母大学毕业后在广州一家企业工作，工作很忙，夫妇俩谁也不愿放弃工作照料孩子，于是小广东 6 个月就被带回老家，一直由爷爷奶奶带着。孩子也习惯了二老，她父母也想着隔得太远，自己工作又忙，经常打电话也解决不了问题，也就大事小事都由爷爷奶奶解决，每年过年才回老家看一下孩子。一直到孩子 5 岁，二老提出让孩子回广东，于是孩子被送回了父母身边，可这孩子只要爷爷奶奶一走，就大哭大闹，父母的收入又无法保证爷爷奶奶在广东的生活质量，于是孩子又跟随爷爷奶奶回到老家，直到小学二年级。

“我们原想着，小时候她不挨(亲近)她父母，大一点可能会好一些，再让她回广东读书。”小广东奶奶说，“现在，她二叔家的孩子要上幼儿园，三叔家也要添宝宝，我们都得管，想着她迟早要找她的父母，就给她办了转学手续，没想到她怎么也不肯在那儿。”

“她平时在家里学习怎么样?”我问。

“这孩子耳朵长(指听话左耳朵进，右耳朵出，不按要求做事)，做作业很慢，做事经常拖拖拉拉，一样作业要做一两个钟头。打也打过，骂也骂过，可是不起作用。我们又没文化，辅导不了她。”奶奶说，“只有让她在这儿读小学，读完小学再说了。”

“可是广东的教学质量比我们这儿好呀，再说到初中时再让她过去，语言不通，她更不适应那里了呀！”我劝解道。

“我们也想过，可她就不跟她爸妈呀！”老人说着，脸上的皱纹更深了。

**【案例思考】**

文中的小广东户籍在广东，父母在广东工作，但从小在县城长大，讲着地道的本地话。“小广东”三个字只是表明她本来应该在父母身边生活、学习。按现在的情形看，“爸爸”“妈妈”对于她来说就如同两个词语，没有任何情感概念。

年轻父母到外地打拼，致使孩子成为留守儿童的现象很常见。文中的小广东，父母均受过大学教育，在发达地区工作，自己孩子也成了留守儿童，这里面的原因是多层面的。

根据心理学家埃里克森提出的心理社会学发展理论，小广东从 6 个月大就远离父母与爷爷奶奶生活，仅在过年才与父母短暂相聚，平时父母与她几乎没有沟通，这样的情形一直延续到二年级（8 岁左右），这一时期正好经历了埃里克森心理发展论的前三阶段论时期：婴儿期（0—1.5 岁）存在基本信任和不信任的心理冲突，儿童期（1.5—3 岁）存在自助与害羞的冲突，学龄初期（3—5 岁）存在主动对内疚的冲突。

从婴儿期到学龄初期，小广东生活中出现的几乎都是爷爷奶奶，于是她与爷爷奶奶建立起了信任感，而她的爸爸妈妈没有及时出现，孩子发出的信号得不到父母的反馈，那么孩子对爸爸妈妈就无法信任，这也就是为什么小广东只黏着爷爷奶奶。

## 二、“想要多点爱”的孩子

【案例背景】

女孩就读高一中等层次班级，平时上课比较安静，在班上成绩中等，在讲述的过程中情绪比较压抑。

【来访者自述】

两周以来，我总觉得心里有块大石头压着喘不过气来。从上次月考以后，分数由360多分降到340多分，在班上也下降了20多名。

爸妈从我四年级开始就外出打工，现在是我爸在家附近包工程（砌砖），我妈还是在昆明打工。感觉他们从来都只会打击我，不会鼓励我。我妈回来的也少，沟通也不是很多，反正也跟我爸一样。从小我都是奶奶带着长大，奶奶对我挺好，我什么都和她说，她还会鼓励我说不要急慢慢来。我就希望我爸妈也能像我奶奶一样多给我一些鼓励。可他们永远都只会打击我。

感觉我爸特别重男轻女，对弟弟好一些，也会给弟弟一些鼓励性的语言，现在我弟在上五年级。而对我更多是打击性的语言：“前几次都还考得不错，这次怎么下降了？最近是不是没有在学？”感觉他们都只会说我，根本就不会鼓励我。从初中开始，我就经常生病，打电话给我爸，有时会说忙，有时会不耐烦地说：“那么大的人，还什么都干不好。”其实我就是想要我爸像其他大人一样陪陪我，但结果是我总是一个人。感觉弟弟要什么我爸答应得都比较爽快，而我就不行。

【案例思考】

案例中的女孩，成绩不理想不是出现压抑情绪的最主要诱因，家人对待自己成绩的态度才是最主要的。女孩出现这样的心理困扰，跟长期缺乏父母正向鼓励是有很大关系的。

女孩属于典型的父母长期在外打工的“留守儿童”，从小就是由奶奶带大。虽然有一个会鼓励自己的奶奶，但还是希望得到父母更多的认可与鼓励。

因为母亲长期在外面打工，长时间的分离让女孩觉得“希望得到父母更多的支持与鼓励”不太可能实现；而父亲不再远行而是在家附近打工之后，女孩将更多的期许放在了父亲身上。然而，父亲是一个典型的不善于表达的人，加上有一个刚上五年级的弟弟，父亲相对简单的沟通方式以及给予年龄相对还小的弟弟更多的爱，都让女孩的内心失衡。这些失衡间接导致了她的成绩下滑，也造成了情绪的波动。

这个案例让我们看到更多贫困地区孩子对于父母的需求。鼓励与关爱是孩子在成长中最需要的支持，而这种支持往往很难获得。

## 三、被“朋友”困扰的女孩

**【案例背景】**

主人公是一名高一女生，上个学期没有交到什么朋友，下学期分班之后遇到现在的两个朋友，大家在一个宿舍，干什么都约着一起。女生说话声音比较小，来辅导室之前两个朋友一直在劝她不要过来，但来访者自己坚持要过来。

**【来访者自述】**

这学期第一次月考在班上10名左右，第二次下降到20多名，我有些慌，自己也分析了一下原因：刚来这个班没什么朋友，现在交到两个好朋友，干什么都约着一起，大家在一起很开心 。

我们三人在教室里坐得很近，上课她们会约着我一起讲话，我觉得上课还是应该认真听老师讲课，但她们跟我说我又不能什么都不讲。午休也是在宿舍聊天，或者是买东西回宿舍吃，一混就是一个中午，以前中午我都是在教室看书或者做作业的；下晚自习我们三人还会一起偷偷用手机看视频到深夜，晚上睡眠不足白天又打瞌睡，以前我晚上还会看看书的。

我觉得这样不是很好，叫她们不要说话她们也不听。我有的时候受不了了，不和她们一起，她们就说“这个人假了”，对我也就冷冷的了。所以我还是尽量她们做什么我就做什么，我觉得好朋友就是要时刻在一起。最近家里和自己都没有什么重大事件发生，但就是觉得烦躁、心慌得很，睡眠也不好。

**【案例思考】**

青春期，学生的关系重心已经从家人转移到同伴。学生需要同伴关系，从朋辈互动中来认识自己，寻求归属感。在高中生的个案中，受同伴关系困扰的案例占比较多，这与学生的身心发展特点是有关系的。高中生正处于身体快速发展、心理发展相对滞后的时期，自我意识不断增强，情绪波动相对较大，这些都会给同伴交往带来一些困惑。

案例中的女孩，困扰主要来自“现实朋友”与“理想朋友”的冲突。理想中的朋友就是开心地时时刻刻在一起；而现实中的朋友倒是时时刻刻在一起了，但自我却感受不到开心。为什么不开心呢？这就需要帮助女孩让她自己去梳理原因：现在交往的朋友带来的更多是消极的影响，不仅影响了生活作息，还影响了学习效率，最终导致成绩下滑。其实，女孩关于朋友的定义是需要加以引导并进行调整的，对于朋友概念的绝对化“开心地时时刻刻在一起”是加重冲突的一个重要原因。

女孩的另一个困扰是：我知道她们影响了我，使我的成绩下降；但她们是我的朋友，我不想没有朋友。当两个想要的结果之间发生冲突，就需要旁人引导她积极寻找更好的解决方法，或者是做出一定的选择。

在这个案例中，我们看到了高中生在同伴关系方面容易产生的一些问题，如果可以在早期就给予一些概念、方法、技巧的讲解或者引导，那么学生在这方面的困扰就会减少很多。

## 四、“被分手”的男生

**【案例背景】**

这是一个高中男生的案例，他高二上学期与女朋友确定关系，高二下学期刚开学时两人闹分手，期中考试后正式分手。高中以前，男生一直和弟弟单独在家读书，父母在外做生意，自高中以来母亲回家陪伴。男生来访时正请假在家，由母亲陪同一起来访。

**【来访者自述】**

近两个月来我情绪很崩溃。有的事情说出来你们大人可能会觉得小题大做，但我真的很痛苦。我觉得自己快撑不下去了，前几天还有轻生的念头。

两个月前我和女朋友分手了，这个女朋友我是很用心地交往的。虽然一开始我也没有特别当真，就是玩玩，但时间一长，我就认真了，还是那种想要长久走下去的。我们后来老是吵架，不知道为什么，她总是觉得我不在乎她。我朋友比较多，她比较少，可能因为这个，她觉得我陪她的时间有点少。我们吵过也说过，但我还是一样，我觉得自己对她已经很认真呵护了，我也不能因为她，一点自己的朋友也没有啊。后来分手了，她还很快有了新男朋友，而且她告诉我她迟早会回来我身边，但不知道是什么时候。我一直都还在努力地挽回她，但确实很累。

一直以来我都觉得我是一个积极乐观自信又上进的人，所以我特别接受不了我现在的状态，我觉得这不是我应该有的状态。很多时候我很想大哭一场，但我告诉自己要坚强，又给忍了回去。

最近，我特别不喜欢身边的人有说有笑，别人来劝我或者和我说话我还会觉得很烦，他们说的我都懂，可是我做不到；但别人一直不来和我说话，我又受不了，就像被世界抛弃了一样。现在我特别不想在教室，那个女生就在隔壁班，不想看到她但总是在下课不经意间去找寻她。现在我最不喜欢光，在家晚上也不想开灯，我很怕睡觉，第二天会早早醒来，心情更失落。

**【案例思考】**

青春期的孩子，随着性意识的觉醒，对于异性的关注会越来越多。很多孩子会对异性产生好感，有的会开始一段感情。但因为自己心智还不成熟，或者说没有过多的精力来顾及学习、同伴交往、恋爱等事件，很多的恋爱便由“甜蜜”变成一个“烦恼”。要想很快调整好状态恢复正常生活需要一定的技巧和能量，而实际上，大部分这样的孩子需要花很长时间才能走出困境。

案例中的男孩产生如此大的情绪反应是有原因的。首先，男孩的自我认知无法接纳与“期望中的自己”的不一致。这个不接纳，不仅是对自己情绪、状态的不接纳，而且还是对自我的一种怀疑，开始质疑自己之前的状态、表现与期望。

其次，男孩是在觉得“自己很在乎女生”的情况下“被分手”的。这样的情况对于大多数成年人来说都需要一些时间来调整，对于高中生来讲难免会出现严重的情绪波动。在与来访者的进一步谈话中，课题组了解到：这个“正常的情绪波动”是男孩周围的朋友特别是家人非常接受不了的，他们都在用“不值得”“何必呢”来劝说男孩。外界对于“情绪”的否定，加上自己对于“自我”的否定，双重的否定，让男孩因为失恋事件体验到了过多的负面情绪。

其实像这样“重事件轻情绪”的沟通在贫困地区甚至大多数地区都是很常见的。学会沟通，学会自我处理情绪，学会接纳自我，这些可能都需要更多的心理健康教育知识。

# 第五章　扶心行动：贫困地区开展心理健康教育的路径探索

## 第一节　推进心理健康知识的社会普及

### 一、心理健康知识普及的瓶颈

2016 年 8 月 26 日，中共中央政治局召开会议，审议通过《“健康中国 2030”规划纲要》，明确把心理健康教育作为规划中的一部分，从国家战略的高度予以重视，意义重大。从脱贫攻坚胜利到乡村振兴战略实施，全国人民正在向着全面建成小康社会的目标努力前进。在这样的过程中，营造一个全民健康的社会，才能为小康社会做好充分保障。全民健康是一个大概念，包括了身体健康、心理健康和社会健康。因此，我们不仅要从个体层面进行心理干预，还要从社会层面加强对心理健康的知识普及和技能传授。

当前，心理健康教育的普及工作遇到了一些瓶颈。通过随机访谈，我们了解到，普及工作的瓶颈之一是大众虽然已经认可了心理健康教育的重要性，但是对心理健康概念的认知还比较模糊。有的人即使知道心理健康很重要，但并不清楚心理健康是什么，为什么重要以及如何解决心理问题；有的人则错误地把心理问题等同于精神病，不愿多谈多说。

普及工作的瓶颈之二是青少年的心理问题时有发生，但是教师和家长往往认识不到这是心理方面的问题，反而把青少年的这些表现当成调皮或者纪律问题来处理，导致教育效果甚微，而且如果处置不当，还会产生负面的效果。

瓶颈之三是缺乏心理健康指导和求助途径。贫困地区由于知识教育水平和经济生活水平普遍偏低，很多人还在为生计奔波，无暇对心理健康这种所谓的新生事物多加关注，而作为心理健康教育的实施主体，教师和村干部等也缺乏心理健康方面的专业知识，导致出现心理问题的青少年缺乏专业指导和求助途径。

贫困地区的心理健康普及和推进，是一个长期的工作，有社会认知方面的问题，也有求助途径方面的问题。以上所说的瓶颈，也正为我们有针对性地寻找心理健康教育工作推进路径提供了有的放矢的参考。

我们研究贫困县青少年心理健康教育服务工作，就不能绕开孩子们赖以成长的家乡的实际情况，本节主要探讨贫困地区青少年心理健康教育普及的方法和路径。

## 二、形成心理健康知识普及的合力

### （一）政府部门强力推进，准确定位心理健康教育

在正视心理健康工作重要性和解决面临的主要问题基础上，政府部门

应该主动作为，尊重心理健康教育的规律，强力推进，统筹安排。心理健康工作的推进必然是建立在心理健康常识的广泛普及和社会的广泛认同的基础上的，这一点需要政府部门进行统筹安排。一般来讲，从“知”到“信”再到“行”，是一个知识领域到实践领域的普遍路径。“知”，就是要通过媒体、教育、科普等多种形式，让群众了解；“信”，就是要通过从“为什么”到“是什么”的过程，让社会能够树立推进工作的信心；“行”，就是要从“是什么”到“怎么做”的过程，指导有关部门、有关领域推进工作实践。

在推进心理健康教育工作中，政府应承担整体设计、政策保障、条件保障、统筹资源等责任，为全区域的心理健康教育工作设定前进路线，并明确各相关单位的职责。

### （二）学校教育因势利导，发挥教育传播优势

学校教育是心理健康工作普及的主阵地。在学校教育推进心理健康工作过程中，要因地制宜、因势利导，正视贫困地区心理健康知识和专业人才较为匮乏的现状，不能一蹴而就。

我国中小学德育工作已经取得了长足的进步。在推进心理健康普及教育的过程中，可以尝试将心理健康知识与德育课有效地结合起来，找到一个比较合适的契合点。有学者认为，德育和心理健康教育是两种不同的教育类型，结合在一起有些牵强。本课题组并不否认这样的观点，但是，一切要从实际出发，在德育课中穿插一些心理健康常识的传授，有利于在现阶段开设专业心理健康课程有一定限制条件的前提下，进行心理健康知识的普及。

为学生开设专门的心理健康课程，是我们教育的要求，也是今后要实现

的目标。有些学校表示，现阶段虽然课程已经开设，但是能够授课的教师少，精力分配不过来，还是存在一些现实限制的，这也是现实情况。实际上，在开设心理健康教育课程方面，可以由学校相关教师组成专题课题组，将心理健康教育知识按照学生需要的主题进行集中备课，比如从学生容易面临的学习问题、情感问题、情绪问题、自我认知问题等方面分别组织生动活泼的课件，由班主任或者专兼职教师共享集中备课成果，依托德育课教学对学生进行普及型知识传授。当然，这里面还有一个教师知识普及的问题，将在下一部分详述。

另外，针对乡村学校的实际情况，可以将心理健康教育中的团队辅导和游戏辅导引入日常教育教学活动中，学生可以通过游戏和团队活动获得心理体验。学校也可以充分依托家长学校、家长会以及与家长日常沟通等途径，传播心理健康有关知识。

总之，作为心理健康教育主阵地的学校，要充分依托现有条件，发挥现有优势，不断发展心理健康教育专业力量，综合推进心理健康教育服务工作。

**（三）社会力量分工协作，全员动员**

要改变目前普遍存在的“心理健康工作是专业人员的‘高大上’专业”的思想观念。很多观念认为，心理学是一门非常深奥的科学，只有“科学家”才能研究得了，只有专业人士才能理解得了。实际上，心理学、心理健康知识的普及、心理健康教育工作是不同层面的概念，心理健康教育服务工作，需要更多的社会力量参与其中。要转变心理健康工作是“自上而下”的工作、是政府要求不得不做的工作等观念，而是认识到政府的作用是决策推进、整合力量，更多的普及工作需要社会各界力量的共同参与。

比如，心理专家在深入研究心理学相关理论方面具有极深的造诣，但相比较科普工作者，知识普及的力量就略显薄弱；心理咨询专业人员在咨询服务危机干预上具有优势，但相比于一线教师，第一时间发现和初步干预的优势就不是很明显……以此类推，要推进整体社会的心理健康教育普及工作，需要不同层面的力量协同作战、共同推进。比如，科协部门就可以借助专家资源，充分依托科学普及的平台，进行心理健康科普的工作；社会爱心企业和爱心人士，可以依托心理咨询的相关专业人员，在参加简单的培训之后，和孩子进行情感交流和互动。

总之，心理健康教育工作的推进，应该是分层面、分梯队、分内容的综合性推进，是社会各种力量综合作用的结果。

## 三、社会各界的关注为贫困地区心理健康教育发展注入活力

随着国家脱贫攻坚乡村振兴工作的深入推进，全社会越来越关注贫困地区的教育问题。实际上，社会各界的爱心力量一直没有停止对贫困地区孩子们的关爱：一个个希望小学、爱心班级的出现，一台台爱心教学设备对乡村学校的支持，一批批的爱心人士赶到乡村小学陪伴孩子们……这一切都包含着我们这个社会浓浓的人情味和对弱势群体深切的关爱。

国家义务教育均衡发展全面推进，乡村小学的基础硬件设施已经逐渐完备，孩子们在简陋的教室、用着破败教具的时代已经成为历史，越来越多的社会爱心人士开始将主要精力放在孩子们的身心健康全面发展上。很多爱心人士表示，现在的乡村小学扶贫，不光是要给孩子们东西，还要想办法

为孩子们打开一扇和外面世界接触的窗，为孩子们幼小的心灵洒上温暖的阳光。这种看法和态度已经逐渐成为共识，并为乡村学校的心理健康教育奠定良好的社会认知基础。

### （一）重视身心全面协调发展的导向

近年来，越来越多的企业和公益组织来到乡村学校举办各种形式的活动，更多地关注孩子们成长过程中的心理需求。

某高校在暑期组织了一次特别的社会实践活动，大学的师生们用一个月的时间走访了几个乡村，到正在放暑假的乡村孩子们家中家访，家访的目的是“除了给孩子们带来鼓励，更多的是要收集孩子们的联系方式和需求，做成数据库，为后续的工作做准备”。实践团队的负责老师这样解释：“我们希望的对孩子的资助和关心，应该是一对一有针对性的，这是出于两点考虑。第一，从捐赠者的角度来讲，社会上有爱心，希望奉献的爱心人士很多，但是他们最关注的是‘我如何知道我的钱和爱心能够实实在在用在孩子身上’和‘我如何能找到需要我支持和帮助的孩子’。第二，从受助孩子的角度来说，如果只是通过别人的收转交给她一些经济资助，资助人对他只是一个影像，并没有真正能够感受到关怀和温暖。我们的这次行动，就是要解决这两个问题。我们通过走访，把孩子的家庭情况和孩子的基本情况做一个简单描述，并将联系方式做成数据库，之后我们就可以在保护孩子隐私的前提下，建立起孩子与捐助人一对一的帮扶渠道，这之后，我们就可以撤出了；而我们对捐助人的要求是，建立起联系后，不光是在经济上支持孩子，更重要的是和孩子多多沟通，和孩子进行更多的情感交流，从而在身心健康全面发展的方向上进行有效支持。”

据了解，回到高校以后，这项工作得到了高校师生和校友们的广泛关注，孩子们都和远方的哥哥姐姐叔叔阿姨甚至爷爷奶奶建立起了情感交流，效果非常好。

### （二）搭建心理健康教育活动的平台

乡村学校的条件不断优化，也为心理健康教育活动的平台发展创造了条件。在乡村学校目前专业心理咨询人员较为缺乏的情况下，需要有针对性地建立支持学生心理成长的活动平台。

X县在尝试推进“校园圆梦小屋”计划，计划的主要目标就是要为学生搭建一个心理健康活动的独立平台，进而达到心理健康知识普及、自我有效调节、教师工作有的放矢的目标。“校园圆梦小屋”计划主要是选择相对独立的教室作为学生心理健康活动的场所，场所兼具几个功能。一是亲情互动功能，通过设立视频设备，关爱留守儿童，为留守儿童与在外务工的父母搭建情感热线。孩子可以在小屋内与父母连线，感受亲情关怀。二是心理释放功能，通过设立游戏沙盘、互动玩偶等设备，让孩子在独立的空间内释放心理压力，在老师的专业指导下达到心理释放和游戏化学习的目标。三是对外交流功能，通过视频互动设备，孩子可以以个体和团体的方式，与外界爱心人士、志愿者进行交流，也可以与发达地区的孩子展开手牵手的互助行动。四是探索自我功能，通过心理健康各类书籍、相关视频以及团队游戏，孩子在知识和活动中探索自我，认知自我。

这样的平台，实际上是一个拓展了功能的心理健康辅导室，经过试点之后，广受学生和家长、教师的欢迎。

此外，要搭建校园游戏辅导的平台。在乡村学校心理健康教育工作人员正常配备条件尚不成熟的情况下，对学生进行游戏辅导是一个非常有效的途径。学生可以通过团队游戏过程体验相应的心理反应，从而达到心理健康训练的目标。X县在县委县政府的支持下，已经和上海的专家团队对接，专家团队结合乡村学校基础条件实际，编著了专门的游戏辅导指导教材，对乡村教师进行培训之后，在乡村学校搭建起较为完善的游戏辅导平台。

### （三）丰富心理健康关爱的形式

心理健康的关爱，并不是只有心理咨询和心理辅导等几种形式，只要对培养孩子积极、健康、阳光、向上的心态有支持作用的关爱形式，我们就应该大力地支持。社会各界已经非常关注青少年的心理健康成长，很多心理健康专业机构已经表示愿意为学生、教师、家长的心理健康知识普及培训提供专业志愿者；X县县城的中小学已经开始用家长课堂的形式对家长进行有效的心理健康知识传授；很多爱心企业以员工日活动的形式，让员工深入校园内与学生互动，并取得了很好的效果。

在校园内，心理健康关爱的方式也是多样的。比如，在与学生的交流过程中，很多教师已经开始注意交流方式和教育方式，变简单粗暴训斥为关爱交流；在家庭中，通过家长学校，很多家长已经开始重新审视家庭关系结构和亲子互动方式。

一条内容形式丰富的对青少年心理关爱的教育主题线已经在X县展开并取得良好效果。

### （四）提升心理健康教育的专业水平

作为相对专业的领域，虽然心理健康教育服务工作需要得到社会、家庭、学校的广泛参与，但其专业性必须得到尊重和贯彻。社会各界的高度重视和不断提升的认知程度，已经为青少年身心健康全面发展提供了一个较为有益的环境，而随之而来的专业领域支持是必不可少的。社会专业机构、专家学者的介入，教师尤其是专兼职教师的专业水平的提升，是发展青少年心理健康工作的重要支撑。

## 第二节　贫困地区心理健康教育人员的定位、结构和培养

推进贫困地区的心理健康教育工作，人才是第一要义。前面说过，心理健康教育工作的推进，需要分层面、分梯队、分内容的综合性推进。在人才培养方面也是这样的规律，并不是要把每一位乡村教师都培养成心理健康教育的专业人士，而是结合实际情况，进行分层分类的功能推进。

### 一、贫困地区心理健康教育专业人员的定位

在调研的基础上，结合贫困地区县域实际，课题组认为，心理健康教育人员应该进行分层定位。以教育系统教师为例：

第一层面，基层教师。基层教师主要包括基层任课教师、班主任和学校层面德育管理者。从心理问题的角度出发，这一层面的人员主要是发现问题并进行初步甄别，因此，需要具备一定的心理健康基本常识；在心理健康知识的教育辅导方面，这一层人员主要进行基本常识的传授和游戏的辅导。

第二层面，乡镇中心教研组。在每一个乡镇都有一个中心学校（或者叫乡镇教育中心），属于县级教育部门和学校的中间机构，负责全镇的教育教

学协调和与县教育局对接。这一层面需要组成心理健康教研组，由本乡镇具有一定专业背景的教师组成，主要任务是对各学校上报的疑似问题进行初步评估和干预；在教育指导方面，这一教研组主要负责本镇心理健康教育活动的策划和指导，并承担乡村基层教师心理健康常识的普及和培训。

第三层面，县教育主管部门。县教育局是全县教育主管部门，主要任务是规划全县心理健康教育工作的实施路径，并组建全县的心理健康教育名师工作室。全县遴选心理健康专业人员组成专家团队，对乡镇干预有困难的案例进行专业指导，并结合县域实际进行课题研究，同时承担全县不同层面教师的相关水平的培训。

## 二、贫困地区心理健康教育专业人员的结构组成

实际上，心理健康教育服务工作不仅仅是学校的工作，也不仅仅是教师个人需要承担的工作，这里要明确的是，推动区域心理健康教育服务工作需要各个层面有关人员共同努力。教师作为学校教育的主体，主要承担教育教学和辅导工作。在X县的调研中，课题组发现，还有一支重要的力量，就是由社会各界爱心人士组成的志愿者团队，这个志愿者团队在经过培训之后，可以作为心理科普知识的传播者。另外，X县在推进全县心理健康教育服务工作的过程中，得到了包括高校、科研院所、专业协会广大心理专家的热切关注和大力支持，还先后邀请数十位专家来到该县进行讲学和辅导，并有多位专家受聘成为该县的专业远程指导专家，他们组成了一支非常重要的专业支持队伍。在X县政府的重视和大力推进下，社会爱心企业和爱心人士也将自己的爱心行动与青少年身心健康全面发展结合起来，在“扶贫＝

扶志＋扶智”的方程式中，加入了“扶心”元素，取得了良好的效果。

### 三、贫困地区心理健康教育专业人员的培训

心理健康人员的定位和组成都是多元的，为了能够让他们在自己的层面充分发挥作用，就要进行有针对性的培训，使其掌握相应水平的知识。还是以教师为例，对于基层教师，每年可以组织全体教师开展心理健康基本常识的轮训，确保每位教师每年能够获得一到两次的基本常识和技巧的培训，使其掌握相应的基本技能；对于乡镇一级教研组，可以以研讨、督导、案例分析的形式，在广泛培训的基础上，组织进行有针对性的深入研究工作；对于县一级名师工作室以及专业机构的组成人员，需要提供更加深入、全面的培训，提供更多的向外界以及科研专家学习的机会，提升其专业造诣。

## 第三节 强化学校心理健康教育的主体作用

### 一、中小学校德育与心理健康教育的关系

学校的德育是通过对青少年学生进行思想、政治和道德等方面的教育，培养学生的爱国主义、集体主义等精神，提升其思想道德素养。心理健康教育是通过对学生心理素质的培养，使其能够掌握正确认识自我、恰当处理情绪、解决心理危机等的能力，从而促进身心的健康全面发展。德育和心理健康教育在理论基础、培养目标、培养方法、培养内容等方面，确实有很多不同的地方。我们在这里讨论的并不是两个学科的问题，而是如何从实际出发，

提升育人效果。在实际工作中，将德育与心理健康教育在某几个角度结合起来，能够有效促进心理健康教育的普及与发展，尤其是在贫困地区，二者在某些方面的结合是有一定现实基础的。

第一，德育课程在乡村学校具有广泛的认可和良好的教学基础，而心理健康教育作为一项相对较新的课程内容，借助德育课程的良好基础，可以在很大程度上扩大其传播和被接受范围。在调研组进行学校调研的过程中，一谈及心理健康教育，很多老师表示，有些内容虽然是心理健康的知识，但他们在上德育课的时候，也会向学生进行传授，效果还是不错的。

第二，心理健康教育课程作为一门独立课程，在现阶段的乡村大规模开展，在师资水平和人员配备方面，客观上还存在一定困难。然而，德育课作为一门专门课程，已经成为所有学校的必备课程，那么，用心理健康知识来部分补充德育课的内容，不仅可以丰富德育课教学，同时也解决了心理健康课程开设的瓶颈问题。在 X 县，有一些学校尝试组织具有一定基础和兴趣的教师对心理健康教育课程进行集中备课，整理出一些与青少年相关的普遍性心理问题，制成课件后供全校德育课教师使用，效果非常好。

第三，在校青少年和家长的认知现状也使得心理健康教育与德育课相结合成为可能。根据心理咨询的职业要求，如果来访者没有求助意愿，咨询师是不会主动提供帮助的。而在乡村学校，学生主动求助的可能性基本上是微乎其微的，在这一职业要求下，学校支持性的心理健康辅导服务开展困难。这与传统观念、信息传播方式与认知水平有着极大的关系。但正如前文所述，心理健康教育在乡村学校的青少年和家长群体中的接受度和认可度正在逐渐上升，青少年遇到问题主动求助的意识将逐步形成，这在很大程度上推动了心理教育与德育课程的结合，也使得这种结合成为教育发展的一种趋势。

由此看来，中小学的德育与心理健康教育，在贫困地区进行相辅相成的融合推进，是有可能而且有价值的。其可能性和价值体现在以下几个方面。第一，二者的基本目标是一致的，一个是理想信念、道德情操，一个是心理健康、阳光成长，最后归结到一起都是“育人”。第二，二者的很多内容是有交叉的，比如人生意义和价值，生命观、道德观、价值观、世界观等，这些内容的交叉，使二者能够相融相促。第三，二者的教育方式也是可以相互促进的，德育基本上以讲授式教育为主，心理健康教育主要以情感体验、活动游戏为主，但是，心理健康教育需要通过讲述引起关注和普及，德育需要通过情感体验和活动增强趣味性，这样，两者的教育方式相互补充，可以取得更好的效果。第四，二者遵循的教育规律也是相同的，都要尊重青少年的成长规律和理解规律，通过家校互动增强教育效果，进而传递正能量和主流价值观……这些也为二者的结合奠定了良好的基础。

综上所述，在贫困地区开展心理健康教育，在现阶段，有必要借助德育的优势，使得二者相互促进、有效推进。

## 二、贫困地区学校心理健康教育的方法内容

在贫困地区开展青少年的心理健康教育，从教育方法层面来说，应该注意以下几个方面。

第一，坚持科学性与实效性相结合的原则。教师开展心理健康教育，不要拘泥于形式，也不要妄自菲薄觉得自己不是专业人员，缩手缩脚不敢开展

工作。实际上，心理关爱是润物细无声的，要坚持在科学理论和技巧的指导下，以灵活的方法和对学生充沛的爱来开展工作，还要坚持发展、预防和危机干预相结合的原则。防患于未然是心理健康教育的重要目标之一，教师应该在平时多下功夫，多多观察学生的发展特点和变化，将预防工作融入日常教育和关爱工作中，融入与学生家长的交流沟通中。当有危机发生时，要有应急处置的技巧和能力。还要坚持面向全体学生和关注重点学生相结合的原则：心理健康知识的普及教育应面向全体学生，当发现需要重点关注的学生时，不躲避、不畏惧，要通过科学的关注手段和方法对学生进行重点关注和疏导。此外，要坚持教师的主导性和学生的主体性相结合原则：在教育教学过程中，教师的主导作用可以为学生了解、熟悉心理健康知识指明方向；而尊重学生的主体地位，就不会产生先入为主的偏见，而且能够为激发学生关注自身心理健康的兴趣提供良好的环境条件。

第二，要明确学校心理健康教育的目标，要通过心理健康教育，帮助学生掌握正确认识自己、顺利生活的能力，掌握面对挫折不屈不挠的能力，掌握调控自我情绪的能力，掌握适应环境变化的能力，最终形成一个健全的人格。

第三，进行学校心理健康教育，教师应该掌握几种教育方法。首先，要掌握主动教育法，在这一方面，心理健康教育和德育是可以相互结合的。在心理健康知识的普及过程中，教师不是心理咨询师角色，不能按照“不求助不介入”的心理咨询要求进行教育，而更多承担教育普及者的角色，应该把握教育的主动权，结合学生不同年龄阶段的特征和学生的兴趣爱好，主动传授知识。其次，中小学校要共同营造一个良好的校园氛围，教师要改变粗暴教育、简单惩罚的方式，培养学生尊重宽容的和谐心态。再次，要树立良好的师德师风，言传身教在心理健康教育过程中同样处于重要地位，教师的师德高尚、心态积极，对学生有极大的正面影响作用。而且，青少年的一个重要特点就是崇尚权威，当教师能够用自身良好的师德和师风为学生树立榜样时，其影响力就更大了。最后，教师还应该用情感交流和互动来关爱学生的心理健康，共感是获得相互信任的前提，当教师能够锻炼出共感的技巧而不是作为教育者高高在上时，学生就会感受到心灵的关爱。其他比如游戏辅导、团队训练、行为训练等也是有效的教育方法。

第四，要重视的几个重点内容。在培养学生自我意识方面，教师要帮助学生树立积极的自我意识，树立正确的美丑善恶观念，培养其自尊自爱的心理状态，并传授学生不断完善自我的基本技能。在学习心理引导方面，教师要重点激发学生的学习原动力，将学习与自我发展紧密结合起来，而不是简单将学习与事业、金钱挂钩。教师还要教授学生一些学习技巧，并培养其抗挫折能力，重视对学生日常学习焦虑和考前焦虑的疏导，要传授学生正确疏导情绪的方法，帮助他们建立积极健康的心态，掌握一些人际交往的技巧。最后，对于那些处在青春期的学生，不要回避感情、恋爱和性等话题，教师可以综合技巧帮助学生正确认识青春期性特征、建立正确的两性关系、教授学生异性交往的技巧等。

## 三、关爱教师心理健康状态，培养高素质教师队伍

作为教育主导的教师，首先要确保能够有一个积极健康的心理状态。前面部分，我们已经抽样对乡村教师的心理状态进行了简单的调查与分析，

这里不再赘述。作为教师，要保证自己的心理健康，就要主动掌握一些心理调适技巧，正视自己的心理变化，随时调整自身的心理状态。必要时，学校可以建立教师朋辈辅导机制，并且为教师提供必要的情绪宣泄场所；社会各界也要对教师多一些理解，多一些宽容，营造一种关爱教师、支持教师的良好氛围。在乡镇一级设置的心理健康教研组以及县一级的心理健康教育中心和专家组，也应该同时承担对乡村教师进行心理知识传授和心理疏导的责任；政府部门应该从多角度支持教师成长、保护教师权利，让教师能够感受到职业带来的荣誉与动力。

## 四、贫困地区学校心理健康教育的组织管理

贫困地区中小学要明确心理健康教育的角色定位。在课题组调研的过程中，很多学校校长表示，一定要创造条件将学校心理咨询室建立起来，这是一个很好的想法和建议。但是，课题组结合实际认为，在现阶段，贫困地区中小学的心理健康教育应定位于发展性教育辅导和心理健康知识的普及以及心理危机的预防，学校更急需的是建立一套完整的心理健康教育服务的机制。比如，在X县，学校设置的“圆梦小屋”，就将学生的心理知识学习、心理辅导、情绪宣泄等多个功能集合在一起，起到了预防前置、教育前置的功能，这远比单纯建立心理咨询室要符合实际条件和需求。另外，学校心理健康教育的另一个定位，就是要将心理健康知识的传授与德育结合起来，将游戏、活动等教育融入课程教育中。关于在组织管理层面落实贫困地区学校心理健康教育建设，有以下几点需要注意。

第一，强调一个全覆盖的概念。所谓的全覆盖，就是全校上下都应该高

度重视心理健康教育工作。全覆盖的第一个层面是要将心理健康教育和心理危机干预覆盖到学校管理的每一个角度，第二个层面是要将心理健康教育覆盖到每一位师生。

第二，要结合学校的实际条件，创造性地开展心理健康教育服务工作。比如，空间充裕的学校，可以开辟专门的空间作为心理健康辅导活动室；具备专兼职心理健康教育教师的学校，可以结合德育课程开设多种形式的心理健康教育课程；在县城周边的学校可以依托家长学校的形式开展心理健康知识普及，增强家校互动。

第三，要参考县乡村三级网络的设置，在学校内也形成若干级心理健康预防干预网络。比如，建立学生寝室—班级—学校三级网络、建立“携手同行”的朋辈支持网络等。另外，在开展心理健康教育的同时，学校也应该制定详细的心理危机干预预案，建立起完备的家校沟通的机制，为学生的成长保驾护航。

## 第四节　建立推进贫困地区心理健康教育服务的体系模型

贫困地区的教育发展，一定要有心理健康教育作为孩子成长成才的保障，这不仅仅是保障孩子身心健康全面发展的需要，更是国家教育战略的大局需要，是我们通过教育阻断贫困代际传递的重要支持。在脱贫攻坚过程中，我们应该紧密结合贫困地区的教育发展现状，有针对性地开展现阶段可行的心理健康教育服务工作。下面以 X 县进行的心理健康教育服务体系建设实践为例，对贫困地区开展心理健康教育服务工作的体系模型进行探讨。

## 一、分级分类协同合作推进县域心理健康教育服务发展

### （一）“发现—评估—干预”的总体服务体系

国务院办公厅印发的《国家贫困地区儿童发展规划（2014—2020年）》（以下简称《规划》）中明确提出：“建立健全儿童心理健康教育制度，重点加强对留守儿童和孤儿、残疾儿童、自闭症儿童的心理辅导。加强班主任和专业教师心理健康教育能力建设，使每一所学校都有专职或兼职的心理健康教育教师。在农村义务教育学校教师特设岗位计划和中小学教师国家级培训计划中加大对体育和心理健康教育骨干教师的补充和培训力度。”[①]在贫困地区开展心理健康教育服务，要按照《规划》要求，加强对中小学班主任和专业教师心理健康教育能力的建设，并进行有步骤、有层级、有针对性的能力培训。下面以X县已经建立的一个“发现—评估—干预”的教育服务体系为例进行详细阐述。

X县已经达到国家义务教育基本均衡发展的标准，中小学教师素质较高。从学校分布来看，存在着乡村教学点、乡镇中心完全学校和县级学校三个层面，该县结合实际情况，对教育系统的三个层面进行三级网络的设置。

“村组一级发现”：乡村一级教学点这一级网络的设置，目的是对教师的基本心理健康常识进行培训。通过培训，大部分教师尤其是班主任能够掌

① 国务院办公厅：《国务院办公厅关于印发国家贫困地区儿童发展规划（2014—2020年）的通知》，《中华人民共和国国务院公报》2015年第3期。

握基本的心理健康知识和教育技巧，并且具备心理问题的识别能力，能够在日常的教育工作中第一时间发现学生心理健康问题的苗头，在学生教育和家校沟通中传授一些心理健康常识。

“乡镇一级评估”：乡镇一级教师的培训，目的并不是将所有教师都培养成心理健康专业教师，而是帮助其掌握一些必要的心理健康教育技能。按照该县现行的教育管理体制，乡镇中心学校承担着组织管理本乡镇所有中小学教育的工作，以乡镇中心学校为核心，组织该乡镇若干骨干教师（包括专业教师和特岗教师）组成专业教研室或教研组，进行针对性更强、专业内容更为丰富的深入培训和研讨，面向全镇开展心理健康指导工作。对村组学校上报的疑似心理健康问题进行评估和初步干预。

“县级以上干预”：县级教育主管部门成立全县的心理健康教育服务专业教研室，遴选专业教师和相关人员组成专家团队对全县开展教育服务工作。专家团队的主要工作任务包括：对乡镇经过初步干预遴选出的问题进行进一步干预；接受县级以上各种专业培训，不断提升专业能力；与县级以上教育系统或专业机构的专家进行专题研讨，有针对性地解决学生问题；对全县教师开展不同层级的专业培训；开展相关的科研活动等。

“引进专业辅助”：在建设“发现—评估—干预”的体系过程中，有必要引入相关的专业辅助。X县引入了专业的心理测量软件系统，可以以中心学校为单位，根据需要对学生进行专业测试和摸排，结果供专业教师参考。在专家支持方面，X县建立了县级心理健康教育服务中心，通过中心平台，与高校、专业教育机构建立联系，定期开展远程督导和实地辅导，借助外界专家资源支持县里的教育服务工作。

### （二）“统筹—科普—志愿”的协作推进机制

政府统筹，部门协作。X县政府层面专门出台建立全县青少年心理健康教育服务体系的文件，在文件中，以培训计划、关爱计划、健康计划、朋辈互助计划、爱心手牵手计划等“五个计划”全面强化全县青少年心理健康教育体系，为青少年心理健康教育服务工作的全面发展奠定坚实基础。政府同时要求全县教育、工青妇、财政、卫计、宣传等有关部门联手协作，加大投入力度，全力推进该项工作。此外，该县还充分运用高校、社会专业机构等专业资源对全县的青少年心理健康教育工作进行指导。

平台辐射，多层科普。在X县和对口支援大学的共同努力下，全县的青少年心理健康教育服务平台成立。平台具备了知识宣传、专业测量、游戏指导、健康辅导等多个方面的内容，并与相关高校建立了长期的心理健康专业指导关系，在全县各行业遴选心理健康专业和具备专业资质的人员作为专业志愿者，成立了心理健康教育辅导员工作室，依托平台开展心理健康教育服务。与此同时，各乡镇着手组建心理健康教育教研组（室），由专业人员开展专业知识和科普知识的巡回培训。平台运行一段时间之后，取得了良好的效果。

教育指导，志愿参与。在加大教育系统专业技能培训力度的同时，共青团、妇联等群众组织积极行动起来，依托庞大的志愿者团队，开展志愿者技能培训和问题发现等志愿工作。各乡镇共青团组织团干部、志愿者积极活动在乡村田间地头，在传播心理健康知识的同时，也积极搭建另外一个发现问题的体系。通过共青团与教育系统的联手行动，“发现问题”这一维度已有效地覆盖了乡村非在校青少年以及其他需要帮助的群体的心理健康教育需求。

### （三）“活动—教育—督导”的技能提升方法

学生游戏活动。根据现阶段专业教师配备和教师专业水平的实际情况，游戏活动应是中小学心理健康教育的主要方式之一。事实上，在心理咨询室未完全普及的情况下，学校开展心理健康教育最好的方式是由教师在经过初步培训之后，开展学生团队游戏辅导活动，充分调动学生的自我体验动力，使学生在心理健康游戏活动中经过自身体验收获心理健康的知识。对于教师来说，心理团队游戏，重在引导、组织、感受和分享，对专业知识技能的要求相对不高，便于操作。

知识普及教育。对于心理健康知识的普及教育，按照上述总体体系的目标要求，比较好的方式是对教师进行分层次、分阶段的专题培训。对普通教师，进行初步常识的培训即可；对班主任和德育教师以及骨干教师，可以进行初步评估方法的培训；对乡镇教研组和县级专家组的成员，可以进行深入的专业知识和操作技能的培训。在学生的心理健康普及教育上，一方面，可以基于上述的游戏辅导，开展游戏教育；另一方面，可以举行心理健康书籍的阅读和分享活动，与德育的内容相结合，进行积极心理调适知识的传授。

专业人员督导。在分层培训的过程中，对县乡级的专业教师的评估和干预工作，可以结合专业人员远程督导的方式进行。聘请高校心理健康教育咨询专家和社会专业机构人员作为督导专家，定期对县内专家进行专项远程督导，解决实际问题。

### （四）“朋辈＋家校＋校社”的互动支持模式

朋辈辅导共成长。结合乡村中小学实际，大力推进学生朋辈辅导的工作。在X县，每个乡镇都有中心学校，所谓的中心学校，就是从小学到初中的完全制学校，或者是一到六年级的完全学校。学校可以充分利用学生高年级带低年级的特点，遴选高年级学生组成心理健康小使者或者小志愿者团队，经过教师的初步知识普及培训，让他们成为关爱低年级学生、传播正能量的使者，同时也促进这些小志愿者本身心理健康的全面发展。对于相对简单的村组教学点（只有三年级以下学生），除了培养校内的小志愿者以外，还可以充分利用中心学校统筹全乡镇教育管理的优势，由中心学校的小志愿者组织或心理健康兴趣小组不定期开展教学点活动，对于锻炼学生的实践能力也有一定帮助。此外，学生朋辈志愿者还可以协助教师更早、更快地发现问题。

家校互动强协调。家校良性互动对于学生的健康成长具有极大的支撑作用，针对乡村外出务工家长较多、留守老人照管孩子较多的情况，要充分利用科普宣传材料、学生桥梁纽带和教师家长交流等途径开展家校沟通。尤其是心理健康科普工作，更需要学校和乡村党团组织共同携手，通过共青团、妇联等基层组织，对农村家长进行科普宣传。

校社携手促发展。在脱贫攻坚进程中，全社会普遍关注贫困地区青少年的教育发展，学校充分依托社会各界人士的爱心行动，推动心理健康教育活动深入开展。在组织爱心活动过程中，除了为孩子们提供经济和知识支持，还建议社会爱心人士能够更加关注孩子的内心需求，为孩子们提供情感关怀和成长支持。来自爱心人士的一封情感丰富的信函、一次充满鼓励的深谈、一次活跃互动的游戏活动，都会给孩子强大的心理支持，极大地促进孩子健康心理的发展。

## 二、“双线四级”县域青少年心理健康教育服务网络模型

经过一年多的尝试与修订，现在 X 县已经形成了一个完备的“双线四级”县域青少年心理健康教育服务的网络模型，如图 5－1 所示。

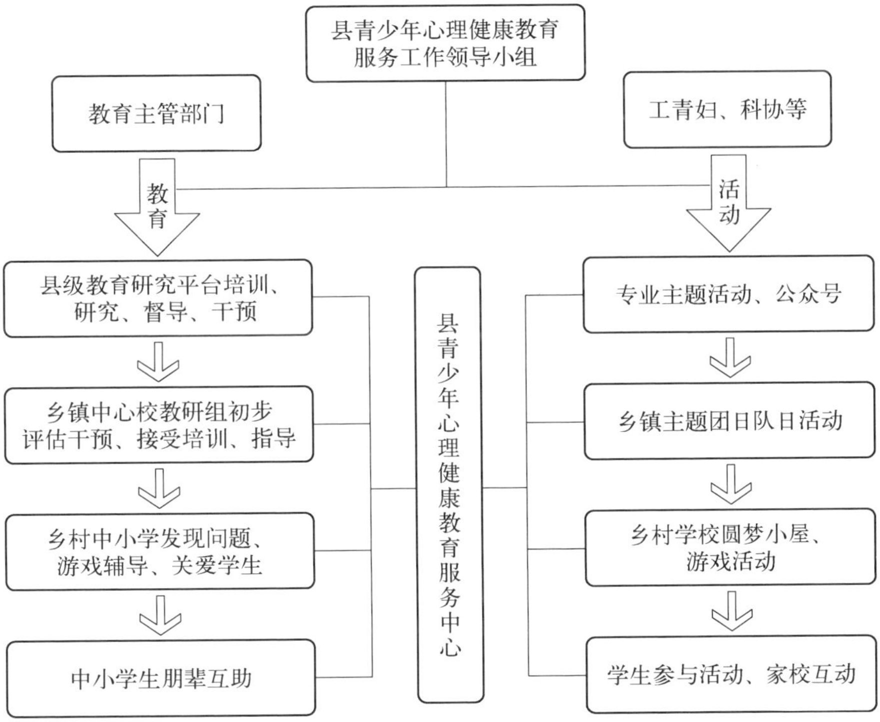


**图 5－1　青少年心理健康教育服务“双线四级”网络模型**

X 县委县政府就推进全域青少年心理健康教育工作专门发文，并成立县青少年心理健康教育服务工作领导小组（领导小组由相关县委县政府领导担任组长，全县相关局行作为组成单位）。在领导小组的统筹领导下，心理健康教育服务工作分为两条主线进行。县级设立县青少年心理健康教育服

务中心，中心配备了先进的心理健康相关设备，并组成了全县心理健康教育专家团队（包括X县青少年心理健康教育服务名师工作室和辅导员工作室），将中心打造成为全县心理健康教育的基地和辐射中心。

第一条线为教育辅导条线，由教育主管部门牵头落实，搭建从乡村到县级的“四级教育服务网络体系”。第一级开展学生的心理健康知识普及，以游戏辅导为主，建立学生朋辈互助的机制；第二级在乡村学校，面对班主任和其他教师，开展心理健康基本常识的培训，帮助乡村教师获得基本的心理健康问题发现能力；第三级在乡镇中心学校，成立心理健康评估专门教研室，重点培养若干专业教师，对乡村学校上报的问题进行初步评估和初步干预；第四级在县级教育主管部门，设立名师工作室及专家资源库，开展深入研究和接受督导，对乡镇上报的重点问题进行专业干预，并承担以下三级的培训推进工作。这样的四级网络实现了对学生心理健康教育服务的全覆盖。

第二条线为项目活动条线，由共青团、科协、工会、妇联等基层组织负责开展。X县共青团充分依托上级团组织和社会志愿者的优势资源，为全县心理健康教育开设专题，并通过开展丰富多彩的活动和推广微信公众号为广大青少年带来一股心理健康的清流。科协充分利用科普宣传的优势，结合谐音日期开展“5·25我爱我系列活动”“9·25久爱我系列活动”，在全县范围内开展心理科普；各乡镇学校依托心理健康教研组，以主题团日队日活动为平台，开展丰富多彩的活动；乡村教师也依托学校心理健康辅导设备，面向学生开展系列关爱活动。各方协同聚力，取得了学生和家长喜欢、乡村学校知识普及、镇级活动丰富活跃、县级活动专业覆盖广的良好效果。

为进一步推进学校心理健康教育服务工作，X县还在逐渐探索中形成了一个学校心理健康教育服务工作网络模型，如图5-2所示。

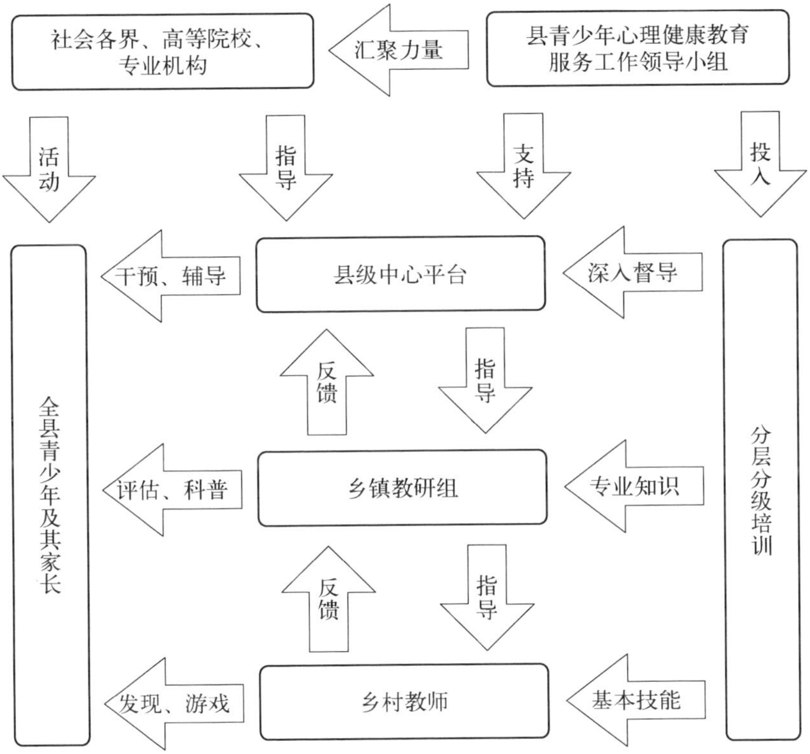


**图5-2 学校心理健康教育服务工作网络模型**

这个网络模型非常明晰地展示了教育系统完备的心理健康教育网络。乡村教师在接受基本技能培训后，承担发现学生心理健康疑似问题的责任，接受乡镇一级教研组的指导，对发现的问题进行分析后反馈乡镇级教研组，并同时发挥学生游戏辅导和健康知识普及的作用。乡镇一级心理健康教研组在接受相对专业的培训之后，对乡村教师反馈的疑似心理健康问题进行初步评估和干预，同时承担对乡镇各中小学技能培训和知识普及的责任，接受县一级中心的指导，将处理不了的疑似问题反馈至县级。县一级教育服务中心专业成员接受专业领域专家的不定期督导，并开展深入研讨和研究活动，承担全县相关培训任务，指导乡镇一级教研组工作，接受学生和家长的求助，并对乡镇反馈的问题进行干预。

在这个过程中，社会各界专业力量和爱心力量为全县青少年开展爱心志愿活动，并对县级中心提供专业支持和远程督导，县委县政府的领导小组对中心提供支持指导。

在贫困地区开展心理健康教育，是我国教育发展的重要内容，也是我们必须面对的一个课题。本课题组在这类地区开展的调研和尝试，就是希望能够为贫困地区开展中小学心理健康教育服务提供一些参考和帮助，虽有不成熟之处，但毕竟取得了一些成果，形成了一系列模式。举全县之力，对青少年心理健康教育发展高度重视，这也是本次试验的一个创新之处，充分体现出一个贫困县全县上下“盼脱贫盼振兴”的心情是多么强烈，县委县政府的决心是多么坚定，眼光是多么长远。此外，项目在实践的过程中，也得到了教师、家长、学生的理解和好评，很多曾经来过这里的国内知名专家感叹，这样的推进力度和推进过程，让大家看到了农村孩子们身心健康成长的希望。

虽然还不成熟，但是，一个“扶贫＝扶志＋扶智＋扶心”的方程式已经基本建立，一个“扶心＝双线＋四级”的网络已经搭建。也希望这种探索能够为更多的贫困地区开展中小学心理健康教育服务提供一些借鉴和参考。

# 参考文献

[1] 俞国良.心理健康教育-学生用书[M].北京：高等教育出版社，2005.

[2] 俞国良.现代心理健康教育：心理卫生问题对社会的影响及解决对策[M].北京：人民教育出版社，2007.

[3] 林建华.中学生心理教育原理与教程[M].南京：南京大学出版社，1999.

[4] 董奇，林崇德.当代中国儿童青少年心理发育特征：中国儿童青少年心理发育特征调查项目总报告[M].北京：科学出版社，2011.

[5] 范兴华.家庭处境不利对农村留守儿童心理适应的影响[M].长沙：湖南师范大学出版社，2012.

[6] 边玉芳，钟惊雷，周燕，等. 青少年心理危机干预[M]. 上海：华东师范大学出版社，2010.

[7] 林菁. 天津市青少年心理健康教育现状调查[D]. 天津：天津师范大学，2014.

[8] 李文. 中等职业学校学生心理健康教育研究[D]. 南昌：江西农业大学，2013.

[9] 吕丽丽. 中小学与社区心理健康教育合作路径探究：以大连金州区为例[D]. 哈尔滨：黑龙江大学，2014.

[10] 彭波. 欠发达地区青少年健康危险行为现状与健康促进对策研究：基于广安市的调查[D]. 南充：西华师范大学，2016.

[11] 刘佳宁. 个案工作介入贫困地区青少年辍学问题研究：以义县九道岭J中学学生小李为例[D]. 沈阳：辽宁大学，2017.

[12] 王洋. 西部农村留守青少年性健康知识现况调查和干预研究[D]. 重庆：重庆医科大学，2014.

[13] 王玉兰. 迪庆藏族自治州少数民族地区中学教师心理健康状况调查分析[D]. 昆明：云南师范大学，2006.

[14] 习近平. 习近平：动员全党全国全社会力量 齐心协力打赢脱贫攻坚战[J]. 中国党政干部论坛，2015(12)：1.

[15] 宝家怡，赵敏. 青少年心理健康促进研究现状[J]. 中国学校卫生，2017，38(2)：317－320.

[16] 罗孟祥. 三峡库区青少年心理健康教育现状的调查研究[J]. 科学咨询(决策管理)，2008(6)：38.

[17] 马慧.云南边境民族地区青少年网络行为及引导机制探讨[J].科技情报开发与经济,2015,25(9):85-88.

[18] 袁加俊,翁律侃.我国西部地区青少年健康及营养膳食知信行研究:基于西藏、云南、上海三地的比较分析[J].上海青年管理干部学院学报,2013(3):37-39.

[19] 刘岚.浅议贫困地区心理健康教育的实施:乐居实验区的调查报告[J].昭通师范高等专科学校学报,2004,26(1):63-67.

[20] 白庆坤,阿拉坦巴根.内蒙古东部贫困地区中小学心理健康教育模式探讨[J].基础教育研究,2018(1):69-70.

[21] 李娟,李辉,黄高贵,等.贫困民族地区小学教师心理健康状况[J].中国学校卫生,2006,27(12):1078.

[22] 宁盛卫,张庆林.民族地区幼儿教师的应对方式及其对心理健康的影响:以海南黎族地区为例[J].民族教育研究,2015,26(5):70-74.

[23] 叶金辉,喻林.增进贫困地区青年农民心理健康的途径[J].广西社会科学,2002(4):235-236.

[24] 杨希玲.新生代农民工贫困代际传承对策分析[J].农业经济,2012(4):50-52.

[25] 储琰.扶贫扶心:乡村振兴背景下贫困地区青少年心理健康教育服务模式探索:基于云南X县的调研和实践[J].社科纵横,2019,34(3):117-122.

[26] 李晓延.教育为何能阻断贫困代际传递[J].人民论坛,2017(30):78-79.

[27] 白强强.农村义务教育免费制度的实施现状探析[J].成功(教育)，2009(7)：23-24.

[28] 王玉玺，杨倩.职业教育西部精准帮扶的创新与跨越[J].创新创业理论研究与实践，2020，3(19)：94-96.

[29] 国务院办公厅.国务院办公厅关于印发国家贫困地区儿童发展规划(2014—2020年)的通知[J].中华人民共和国国务院公报，2015(3)：22-28.

# 后　记

## ——写在脱贫攻坚战胜利之时

2021 年 2 月，习近平总书记在全国脱贫攻坚表彰大会上庄严宣告，我国脱贫攻坚战取得了全面胜利。在万分激动的同时，曾经亲身参与脱贫攻坚战的历程和这本书调研写作的过程像电影一样在我脑海中一幕幕闪现。

这本书从开始构思，到征求我所供职的学校和 X 县领导、老师的意见和建议，到组建课题组，再到广泛开展调研直至初稿完成，再到不断修订，前前后后经历了两年的时间。作为一名经历过在贫困地区挂职工作的社会学和心理学研究方向的研究人员和高校教师，我一直在想，如何能够让这片热土上的教育更加蓬勃发展。挂职工作期间，在我校的支持下，在县里领导的关心下，在全县教育系统的同仁们共同谋划思考下，我们将发展心理健康教育工作作为一项重点课题进行推进。

毕竟我没有长期在基层中小学教学的经验和资历，在前期的调研过程中，我有幸结识了以马仲能、全琼芝、祝朝燕等老师为代表的一大批辛勤耕耘在这一片热土上的可敬教师们。在和他们的一次次交流过程中，我的思路逐渐清晰。在我将整体思路向我校和县里汇报之后，也得到了双方领导的大力支持。学校领导表示："要调动学校的资源，尽力为县里的心理健康教育工作发展提供支持!"县里主要领导表示："你们放手去干，我们支持你们!"

有了领导和专家的支持，有了志同道合的战友，我们还等什么！课题组就这样成立了，一次次的深夜探讨，一次次的专家指导、一次次的思维碰撞……一条发展贫困地区青少年心理健康教育服务工作的路径逐渐清晰起来。

我校的领导和教育专家来了、市县的领导来了、上海的心理健康专家来了、云南心理健康教育专家来了……X县青少年的心理健康教育服务工作有序地展开了，我们的调研结果也终于落在了纸面上。

我校一位到县里授课指导的老师表示："在教师们的眼中，我读出了他们对孩子身心健康全面发展教育的渴望，感受到了我们身上的责任。"一位上海专家表示："你们是在用教育者的情怀做着一件功德无量的事情。"云南心理学会的领导表示："感谢你们在云南X县做的这件意义非凡的创举！我愿意为你们呼吁推广，希望我们云南孩子们的成长过程中都充满阳光!"一位乡村教师表示："经过了这么多学习，忽然发现在教育孩子成长的路上我们还有很长的路要走，有了这个机会，我们有了信心！”一名心事重重的中学生在老师的悉心引导下逐渐阳光开朗起来……看到这一切的变化，我们觉得再多的辛苦都值得了。

在不断修订书稿的时候，我已经回到学校工作，我还记得，在我即将挂职期满离开的时候，县里的领导表示：这项工作一定会继续大力推进下去，这是好事、大事，更是我们的职责和使命。心理健康教育的热心教师和志愿者们说：我们会尽自己所能为这项事业贡献智慧和力量。我后来还得知，县里的领导和新任挂职干部携手上海等地高校的专家和各种社会资源，推进全县的心理健康教育迈上了更高的台阶……这一切，都让我感动和振奋。

再长的话也有结尾，在不得不结尾的时候，要向关心支持我们的校领导和挂职地的领导、同事们表示感谢，向帮助我们的师长们表示感谢，向配合我们研究的广大师生家长表示感谢，向所有为了教育情怀而努力的同仁们表示感谢！

在本书的写作过程中，储琰、马仲能、全琼芝、祝朝燕作为主要作者，结合自身实际工作和特长合作完成了各部分的写作：储琰负责整体设计、分工和最后统稿修订，马仲能主要负责现状描述和教师问卷访谈整理，全琼芝主要负责文献梳理和学生问卷整理，祝朝燕主要负责现状描述和案例整理，所有作者都共同参与了案例分析和写作。为了能够体现案例和访谈的真实可读，我们有意在案例的描述中保留了一些当地方言土话词语，以增强情景感。在调研和写作过程中，X县委县政府、共青团系统、教育系统从领导到教师都提供了大力的支持与帮助，X县青少年心理健康服务辅导员工作室的辅导老师李仕珅、杨燕华、施春燕、杨秀珍等，X县初级中学教师高里红、邓富兵等提供了大量的帮助与支持工作，由于篇幅有限，不能一一列举，在这里一并表示感谢。在书稿最后一轮的修订过程中，研究生陈骆妮、许璠吉、张娜、汪颖同学加入进来，极其细致地对书中的内容进行了进一步修订，要特别对这几位同学表示感谢。同时，也向辛苦的出版社编辑老师表示感谢！向正在求学健康成长的孩子们送上祝福！

谨以此书送给你们！

储　琰